혜원을 꿈꾸다

혜원을 꿈꾸다

신명수 시집

자연의 질서와 인간의 삶을 접목한 詩

아름다운 세상을 꿈꾸었던 그들이 내게 다가와 속삭인다
칠흑 같은 어둠을 뚫고 내일로 가는 것은 오늘을 사는 스스로의 용기일 뿐
감추어진 진실의 무게를 저울질하는 것은 아니라고

문학공원

자서

지금까지 살아오면서 가장 감사한 일은 시를 가까이 할 수 있는 기회를 가진 것이라 할 수 있습니다. 우연한 기회에 동향의 어르신이신 김태호 시인께서 시의 세계로 인도하여 주시고 두려움과 설렘을 않고 고려대학교평생교육원에 등록을 하였습니다. 김순진 시인으로부터 명쾌하고 격의 없는 강의를 들으며 어쩌면 시인이 될 수도 있겠다는 막연한 희망을 갖게 된지 5년이란 세월이 지났습니다.

가장 치열하게 살아야 할 위기의 중년 시기에 시는 항상 저에게 희망과 용기를 불어넣어주던 징검다리와 같은 소중한 존재가 되었습니다. 시를 배우고 어쭙잖은 시를 써가면서 고향에 대한 추억과 할머니의 사랑이 되살아났고, 무관심하게 지나치던 것들이 감사와 희망의 메시지였다는 것을 깨닫게 됨에 저 스스로가 대견스러워지기 시작했습니다. 부대끼며 살아가는 것이 부담스럽기만 하던 것이 함께 한다는 것만으로도 행복할 수 있다는 믿음이 생겨나고, 그저 평화롭고 아름다웠던 뒷동산에는 대자연의 깊은 섭리와 오늘의 제가 있게 한 또 다른 의미가 숨어있을 것이라는 위안을 가슴에 품을 수 있었습니다.

하지만 여전히 저의 불안전한 심성에 대한 의구심과 걱정이 담겨있는 졸렬한 시에 대하여 창피한 생각이 들기도 하지만, 그것도 저의 참모습이라는 반성을 하면서 더욱 더 정진하도록 하겠습니다.

끝으로 이 시집이 출간되기까지 큰 울타리가 되어 건강하게 살아계신 부모님에게 감사의 말씀을 전해 드리며 미덥지 못한 시인에게 늘 침묵의 사랑과 격려의 응원을 해 준 가족에게도 고마운 마음을 담아 인사드립니다. 그림을 표지로 사용하게 해준 큰딸 신고은에게는 따뜻한 격려와 사랑의 메시지를 전합니다.

2020년 봄

신 명 수

축시

숲속마을의 행복

이 생 진

山에 소나무
풀밭에 씀바귀
꽃밭에 벌 나비
바람타고 날아오지만
결국 사람의 손을 거쳐
그릇에 그림 시와 노래
다시 꽃이 되고
벌 나비 되어
꽃밭으로 날아가는 마을
숲속마을…

2020년 봄
신명수 시인의 '혜원을 꿈꾸다'를 반기며

2020.
生
생

추천사

'유기적인 관계'를 이루어 읽는 사람 '스스로 느끼게 만드는' 작품

윤 석 산

신명수 선생으로부터 이 시집 평이나 소개하는 글을 써달라고 부탁을 받았을 때는 그냥 덤덤히 받아들였습니다.

평생 실험적인 시만 써온 제게 조선후기 민속화가 신윤복(申潤福, 1758~?) 선생님을 제재로 쓴 시라니 너무 경향이 달라서.

그러나 후두암 수술을 받고 절망할 때 조용히 도와주신 분이라서 그냥 읽었지요. 그런데 첫머리부터 빨려 들어가려 하는 겁니다.

이제까지 써온 '자아 중심의 시'가 아니라, '너와 나와 자연의 합일'을 지향하고, '설교하거나 뒤트는 어법'이 아니라 주제부터 미세한 표현까지 '유기적인 관계'를 이루어 읽는 사람 '스스로 느끼게 만드는' 작품이라서.

문득 만난 뒤 5년간 선생의 행적을 생각했지요. 첫해 연말에는 문중에서 발간하였다는 『혜원 신윤복』 화집을 보내오고, 다시 <후두암 장애인 협회> 조직에 매달리고, 그 일이 끝나자 또 이 시집을 펴내고, 그것도 예쁜 따님이 직접 그린 그림으로 표지를 장식하고 그리고……. 문단으로 따지면 50년 가까이 선배지만 제가 배워야 하겠네요. 무슨 의도로 추천하는지 아시겠지요?

모두 읽어보세요. 그럼 아실 겁니다. (☺)

2020년 새 봄 제주에서 尹 石 山 올림

(시인 · 문학박사 · 제주대학교 명예교수 · 한국문학도서관 대표)

차 례

1부 풍경 소나타

꿈꾸는 학마을 16
징검다리 17
가을상추 18
창포원의 그녀 19
웰빙이란 이름의 폭력성 20
느티나무 21
봄, 그녀 22
무수골의 개망초 23
사진 24
전세대란 25
계절의 행로 26
반닫이 속의 목장갑 27
풍경 소나타 28
빅뱅 29
여행을 떠나며 30
소나무 31
명가의 삼형제 32
등산교육헌장(登山教育憲章) 34
동장군, 패하다 36
오늘 37
눈[目], 눈[雪] 38
연연하다 39
울림 40
진공관앰프 41

2부 잡초의 꿈

봄을 듣다 44
바보와 착함의 이중주 45
비밀 많은 그녀 46
윙크하고 싶은 날 47
잡초의 꿈 48
깡통시인 49
애증관계 50
행복한 갱년기 51
여명 52
떠오르는 심연의 석양 53
개둘기 54
묵정밭의 시인 56
기억불감증 58
왕국의 부활 60
아집(我執) 61
거부할 수 없는 향기의 추억 62
생의 과즙을 채우다 64
자라의 여정 65

차 례

3부 괄약근 트레이너

알파고제국의 시인	68
해상도의 추락	69
갑을방정식	70
Long Play	71
괄약근 트레이너	72
간첩의 소멸	73
똥의 백서	74
금연에 관한 보고서	76
껍데기의 충고	78
담장을 부수다	80
부끄러움에 대한 小考	82
업사이클링	83
신용불량자의 비애	84
묵언의 학습법	86
빵과 짱의 말로	88
개미와 바위	90
혜원을 꿈꾸다	92
환자의 고백	94

4부 바보와 착함의 이중주

잠자리꽃 96
똠방각하 97
가살피 98
보청기의 기도 100
쓰레기의 넋두리 101
정승의 꿈 102
돈 103
어느 아랫것의 고백 104
더더더더 105
김밥 106
통일 1주년을 앞둔 언론의 표정 107
누룽지 108
전운리대 110
빛바랜 사진 한 장 112
제사상 114
만선을 꿈꾸며 116
神관료주의 117
청소하다 119
추억 120
텃밭의 기도 121

차 례

작품해설 - 마경덕 시인

자연과 현실을 조합한 독특한 무늬들 124

1부

풍경 소나타

꿈꾸는 학마을

낯설다고 망설이지 않는 사람들이 있습니다
더럽다고 외면하지 않는 사람들이 있습니다
가난하다고 비웃지 않는 사람들이 있습니다
힘들다고 포기하지 않는 사람들이 있습니다
시작을 두려워하지 않는 사람들이 있습니다
그런 사람들이 모여 사는 마을이 있습니다

아름다운 산이 문득 창가에 다가서 있고
이슬 머금은 바람이 아침의 향기로 다가오는 곳
착한 사람들이 손을 맞잡고 사는 곳

따뜻한 가슴과 냉철한 머리로 재무장한 한 무리의 두루미 떼
해질녘 아이들 함박웃음이 매달린 마을에 사뿐히 내려앉는 곳
내일이 기다려지고 오늘이 즐거운 곳이 있습니다

징검다리

아득한 곳을 이어주는 너
두려움을 잠재우는 너
하나보다는 이웃한 둘이 보기 좋다던 너
진검승부 보다는 무승부를 응원하던 너
양다리 걸치는 것은 질색하던 너
첫 걸음의 소중함을 깨우쳐 준 너
서로 다른 세상을 이어주는 너
언제나 그 자리에 있어 고마움을 알게 해준 너
따로 또 같이의 진정한 의미를 일깨워 주는 너
섬김을 으뜸으로 여기는 너
말없이 엎드려만 있는 너
빠른 물살을 갈라 등 뒤로 안식처를 만들어 주는 너
물이 사나와지면 존재를 감추어 위험을 알리는 너
어디서 와서 어디로 가는지 그냥 지켜보는 너

그렇게 소리 없이 달이 너를 비춘다
나는 너를 건너 할머니에게로 간다

가을상추

어둠이 뒷걸음치는 새벽녘 찬바람에
때 이른 낙엽이 떨어지고
몸을 둥글게 말아 떨어진 뽕잎 하나
이슬이불을 덮고 잠자던 어린 그녀의 단잠을 깨우네
커다란 토란잎에 옹기종기 모여 밤을 새운 새벽이슬
소슬바람에 놀라 떨어져 그녀의 발걸음을 재촉하네
그리움을 떨구고 간 대지의 밥상
그곳에서 맛나게 익어가는 쌉싸래한 푸르름
아련한 추억이 내리던 숲속을
등에 지고 자리한 손바닥만한 텃밭
아버지의 땀방울이 가을상추로 환생하네
싱싱한 하늘과 먹음직스런 하얀 구름을 향해
두 팔 벌려 웃는 어린 상추
아버지가 좋아하시던 고등어자반 얹어
한 쌈 크게 먹네

창포원[1]의 그녀

앙증맞은 자줏빛 고깔모자를 눌러쓴 그녀
수줍은 듯 고개 숙인 그녀
세월을 숨기기 위해 애기솜털로 온몸을 치장한 그녀
벚꽃이 휘날리기 시작하자 고깔모자 벗어던진다
젊은 창포댁 짙푸른 옥색 치마를 요염하게 휘두르자
구부러진 허리를 꼿꼿이 피며 옥수수수염 머리로 치장한다
농염한 주홍빛 입술을 한 늘씬한 작약꽃 처녀들 재잘거리기 시작하자
두 팔 벌려 때 이른 갈대꽃을 한 아름씩 선물한다
둥근 보름달 처녀들이 밤하늘을 훤하게 밝히기 시작하자
머리를 풀어헤치고 세상을 향해 외친다
화려하고 짧은 봄을 원망하지는 말라는
할미꽃 그녀

1) 창포원 : 도봉구 도봉동(도봉산역)에 위치한 천연습지공원

웰빙이란 이름의 폭력성

따사로운 바람이 머물던 어느 봄날
무리지어 쑥쑥 자라던 명아주
봄볕에 꾸벅꾸벅 졸고 있던 민들레
영산홍 그늘에 낮잠 자던 달래
형제들을 잃고 조울증에 걸린 곰취
창백한 얼굴로 담벼락에 붙어 떨고 있는 냉이
해만 떠도 또 뜯어갈까 무서워 덜덜 떤다

웰빙이란 이유로 무고한 생명을 함부로 하였는지
애꿎은 들풀만 괴롭히진 않았는지
풀은 스스로 잡초와 식용의 경계를 가르지 않는다
호미 옆에 슬며시 목장갑을 벗어놓는다

느티나무

늘 울타리가 되어주기 위해 기품 있게 서 있던 그
길을 잃고 방황할 때 이정표가 되기 위해 꿈쩍도 않고 자리를 지키던 그
폭풍우가 몰아치는 밤을 달래 평화로운 아침으로 되돌리던 그
보호수라는 담장에 둘러싸이고 부터 생기를 잃은 그

죽음을 예감한 듯 짙고 어두운 그늘만을 내려놓았던
그가 다시 바람의 무수한 손길을 어루만져 푸른 잎사귀를 만든다
하늘의 꿈을 위해 땅을 더 깊고 넓게 붙잡는다
땅의 꿈을 위해 더 잘고 무성하게 가지를 뻗친다

봄, 그녀

망자의 곁에서 옷고름을 풀어헤치며 성큼성큼 다가오는 그녀
고쟁이만 걸치고 버선발로 달려와 반겨주는 그녀
하늘하늘 어깨춤을 추며 개천가에 망부석처럼 서 있는 그녀
알록달록 화려한 꽃망울무늬 치마를 차려입고 미소를 짓는 그녀
봉긋한 우윳빛 속살을 여미고 다소곳이 앞마당을 서성이던 그녀
족두리를 머리에 얹고 앙증맞게 앉아 있는 그녀
아직은 바람이 차다며 손사래 치는 그녀
철없이 마냥 신이 나서 제 몸을 치장한 그녀

봄, 아리따운 그녀

무수골의 개망초

지천에 널려 있어 아무도 알아주는 이 없는 그녀
봄맞이를 위해 서둘러 온 세상을 새하얀 바탕색을 칠하기에 바쁜 그녀
춤바람이 난 듯 형형색색 화려한 분칠의 여인들과 달리 늘 다소곳한 그녀
유행에 민감한 방랑객들과 달리 뜨거운 한 여름을 말없이 지새우다
가을향기 진한 여인들에게 슬며시 자리를 내어주는 그녀
흔하다는 이유만으로 때론 가슴에 주홍 글씨를 새기고 사는 서글픈 그녀
널브러진 그녀들의 무덤에서 생명력 강한 여린 꿈이 꿈틀댄다
안개꽃이 장미와 어우러지면 보는 이의 미소가 보름달처럼 차오르고
무수골 논두렁에 그녀들이 둘러앉으면 따사로운 햇살 퍼지듯
모든 이에게 순백의 어진 마음이 녹아드니

그녀는 진정 아름다운 여자다

사진

아름다운 추억이 봄바람에 날아들고
행복했던 일상이 따사로운 햇살에 녹아들고
즐거웠던 일들이 향기가 되어 숨어들고
모든 것들이 흘러가는 세월에 각인된다

순간만을 기억했던 단순한 우리들의 눈이었지만
무지개 빛깔로 투영되어 이야기로 환생하는 따뜻한 마음
빛이 흩어져 숨어있던 그가 오늘을 깨운다
또 다시 풍요로운 내일을 현상하기 시작한다

전세대란

부지런한 산수유가 양지바른 산허리에 자리 잡는다
다소곳한 진달래는 눈에 잘 띄는 등산로 가까운 곳에 머문다
명랑한 개나리는 도로가 인접한 언덕에 정착한다
이상기온으로 머물 시간이 혼란스럽고
잠시 머물다갈 곳이 방황하기 시작한다
의연한 그들은 흔들리지 않고 우왕좌왕하는 봄을 지켜준다
그들을 지켜보는 한 무리의 미소와 무심히 지나치던 무거운 근심
쉽사리 오지 않는 봄은 애꿎은 미세먼지 탓이라 울상이다
욕심이 폭등하고 자존심이 껑충거린다
스스로 자연을 거스른 비굴한 양심이 초조하다
무소유에 대한 깊은 상처와 가진 것에 대한 자부심을 잃은 패잔병
정착하지 못하는 신유목민의 발목을 잡은 전쟁터의 봄바람이 매섭다

계절의 행로

나들이 준비를 위해 노란저고리를 입고 있는 그녀들을 흘겨보며
심술꾸러기 추위가 견딜 만한 서릿발을 내려준다
요란하게 치장한 것이 수줍은 듯 그녀의 볼이 더욱 붉게 물들고
이를 감추기라도 하듯 하늘하늘 연분홍빛 치마폭을 휘두른다
실눈을 뜨고 시기를 저울질하던 짙은 주홍빛 여인이
슬그머니 첨병을 보내 춘색의 농염도를 가늠한다
을씨년스러운 겨울의 흔적이 아직은 남아있는
무채색의 캔버스가 여린 녹색의 마지막 붓질로 채워지는 봄의 향연
이번에는 화려함을 질투하는 봄비가
아스라한 물안개를 거느리고 계절을 덧칠한다
새로운 계절을 맞이하는 짙어가는 숲이
성큼성큼 여름을 향해 부지런히 산을 오르고 있다

반단이 속의 목장갑

그는 늘 대청너머 뒤뜰에 쪼그리고 있었다
앵두나무 가지 숲에 숨어있을 때보다는
숨이 턱에 차오르는 한여름 호박꽃 너머에서 쉽게 눈에 띄던 그였다
봉숭아꽃 핀 앞마당 가에서 모진 풍파의 세월을 견뎌낸
주름진 손등 위에 수줍게 앉아있던 그였다
사랑을 위해 주저 없이 흙밭에 굴러도 있어야 할 자리에 있을 뿐
아무런 불평 없이 제 몸을 더럽혔다
오늘은 그가 스스로 몸을 정갈히 하고
구석진 반단이 속에서 내일의 희망을 꿈꾸며 잠들어 있다
다시 더럽혀질 몸일지언정 아름다운 꽃밭에서 다시 깨어나기를 바란다
따가운 가을햇빛이 마른 대지에 꽂히기 시작하던 어느 날
이제는 반단이만큼 늙어버린 그가 커다란 토란잎에 숨어 꾸벅꾸벅 졸고 있다

풍경 소나타

땀방울을 훔치며 오랜 가뭄에 바짝 메마른 계곡을 지나 원통사를 향한다
산을 오르는 내내
이토록 아름다운 자연을 표현하는 위대한 작곡가를 섭외하고 싶다는 과욕에 잠긴다
저만치 보청기가게 주인 베토벤 씨가 앞서간다
오늘은 그의 곱슬머리 가발이 크로이처소나타를 염두에 둔 듯 정갈하다
바흐 구두수선 할아버지도 새벽 산행을 마치고 내려오시는지
무반주 첼로의 느리고 육중한 걸음걸이다
모차르트 피자가게 사장의 귀에 익은 방정맞은 웃음소리
요염한 그의 정부 엘비라마디간 양의 작지만 당찬 소리의 기타 연주
그리고 상수리열매 떨어지는 소리의 화음이 절묘하다
그들 모두를 아우르는 위대한 음악가가 되는 허망한 꿈에서 깨어날 때
산들바람을 타고 내려오는 선녀의 옷깃에 흔들리는 풍경소리
아, 모든 흔들리는 것들이 연주되는 가을의 악보
천상의 연주회에 온 낙엽들의 박수소리 요란하다

빅뱅

대폭발을 통해 새로운 우주를 탄생하여 생명을 창조하는 그녀
겨울이 잠시 한눈을 팔기라도 하면
따사로운 햇살 아래 노란색 저고리로 갈아입는 수줍은 처녀
서릿발 치마폭에 몸을 숨기다
어느 순간 만삭의 몸으로 세상을 놀래킨다
겨우내 푸른 기운을 잃지 않기 위해 그녀는 가장 낮은 자세로 임한다
완벽함을 추구하는 그녀는
절대원형만을 고집하는 편집증 환자이다
세월을 달리는 그녀의 체력은 임계점이 없는 무한열차와 같다
화려함보다 초정밀의 아름다움과 신비로움을 잉태하여
햇빛과 바람에 두둥실 띄어 보내 봄을 맞는 만물을 깨운다

민들레, 오늘 그녀는 빅뱅 중이다

여행을 떠나며

가방을 챙긴다
즐거움이 꿈틀대는 언덕을 오르고 싶다
후회가 넘실대는 들판을 건너고 싶다
평화로운 정상을 향한 발걸음을 옮긴다
추억이 쌓이고 이별은 흩어지리라
끝없이 펼쳐진 길을 걷는다
홀로 미지의 심연을 유영하고
함께 미개척지의 황야를 달리고 싶다
무료함으로부터의 탈출
또 다른 하루를 향한 힘찬 발걸음
돌아갈 수 없는 어제가 투영된다
절벽 같은 현실을 마주한다
오늘은 새털구름이 되어 파란 하늘에 누워있다
내일은 자유로운 바람이 되어 울창한 숲에 머문다
낯설음의 산을 넘는다
두려움의 바다를 건넌다
매순간 각인되는 모든 것들이
시어로 교차하는 세상 속으로 들어간다
자, 출발

소나무

그를 위해 높은 산봉우리 비좁은 틈을 허락해준 너그러운 바위
바람이 몹시 불던 어느 날 그 곳에 자리 잡은 그
달구어진 뜨거운 바위 속에서 여린 그가 외로이 사투를 벌인다
죽을 고비를 무수히 넘기고
대지가 식어갈 즈음 가까스로 그가 생명줄을 내린다
죽음 같은 목마름을 인내한다
애착이 소멸되는 순간 새벽녘 이슬 한 방울로 그가 부활한다
어렵게 착상에 성공한 그는 본능적인 시간과의 싸움에서
마지막 경련을 일으키며 모세혈관을 복제한다
끊임없는 갈증과 배고픔을 이겨내기 위한 그의 마지막 몸부림
우직하던 바위가 단발마의 비명을 토해낸다
산고의 고통으로 그는 뒤틀리기 시작한다
피하는 것을 모르는 그는 오로지 묵묵히 맞서는 일뿐
비로소 그가 감당하는 수억 년의 진실의 무게
더불어 사는 행복을 깨우친 그의 깨달음이 은은한 향을 분출한다
어느덧 그도 바위와 함께 무언의 평온한 잠을 청해본다
언제부터인가 초라하기만 했던 행색의 그가
어느 순간 기품 있는 선비로 우뚝 선다

명가의 삼형제

나는 혈통 있는 자손입니다
평범하고 흔해 보이는 그런 꽃이 아닙니다
소음과 매연에 찌든 그런 꽃이 아닙니다
보고 싶다고 아무 때나 볼 수 있는 그런 꽃도 아닙니다
당신이 알고 있다고 생각하는 그런 꽃은 더욱 아닙니다
짧은 시간을 연명하기 위해 구걸하는 삶이 아닌
모든 것을 태워 사랑과 아름다움으로 태어난 꽃입니다

나는 명문가의 자손입니다
가난하지만 마음만은 늘 따뜻한 친구입니다
용기가 없어 보이지만 진실보다 무서운 것이 없다는 것은 잘 알고 있는 친구입니다
외로움이 늘 붙어있는 사람과 더 잘 어울리는 친구입니다
낯설어하는 이방인을 어느 순간 격의 없는 지인으로 만드는 재주 많은 친구입니다
나는 가식 없는 미소와 깊이 있는 배려가 특기인
꽃보다 아름다운 사람이라 불리기도 하는 친구입니다

나는 뿌리 깊은 사랑입니다
모진 풍파에도 꿈쩍도 않는 어머니의 사랑입니다
은근한 화롯불에 놓인 된장찌개처럼 오랫동안 자글자글 익어가

는 할머니의 사랑입니다

말없이 지켜봐 주고 응원만 해주는 그런 사랑은 아버지의 사랑입니다

세상에서 가장 아름답고 소중한 상대에게 열병을 앓게 하는 것은 연인의 사랑입니다

꽃, 친구, 사랑
셋은 뼈대 있는 집안의 후손들입니다

등산교육헌장(登山敎育憲章)

산으로 가자 새벽어둠을 품에 안고 매일 세상을 오르는 산의 부지런함을 배우자 정기와 숲의 정령들이 모여 부지런히 계곡을 내려오는 땅의 성실함을 따르자 바람 따라 정처 없이 흘러가는 구름을 바라다보며 평화로운 영혼이 되자 어디서 왔다가 어디로 가는지 모를 변화무쌍한 바람을 따라 깨달음의 꽃을 피우는 순풍이 되자

화려한 옷보다는 실용적인 옷을 입으며 정갈한 옷으로 갈아입은 푸른 숲처럼 향기 나는 사람이 되자 위태롭게 말없이 자리를 지키는 바위를 우러러 바위의 우직함을 본받자 그 척박한 바위틈에 자리 잡은 기품 있는 소나무처럼 품위 있는 자태를 닮아가자 양지바른 곳에 올망졸망 피어있는 양지꽃처럼 어울리며 살아보자 비탈진 바위산 언덕에 피어있는 구절초 군락처럼 청초한 삶을 살자

참나무 숲의 어둡고 습한 그늘에서 화려한 자태를 뽐내는 망태버섯이라도 함부로 보지 말고 우리도 그들처럼 당당한 생명이 되자 울긋불긋 채색된 낙엽더미 위를 부지런히 오가는 귀여운 다람쥐처럼 사랑스러운 존재가 되자 이른 아침 계곡에서 오붓하게 사랑을 나누는 청둥오리 한 쌍처럼 정다운 사랑을 하자 촉촉한 고목나무 위를 달려가는 민달팽이의 여유로움을 배우자

오는 사람 막지 않고 가는 사람 잡지 않으며, 외로운 자 친구가

되고 교만한 자 꾸짖어주며, 진실로 산을 사랑하는 자에게 건강을 선물하는 산으로 가자

동장군, 패하다

그가 어둠의 끝자락을 걸치고
여전히 긴 칼을 옆에 찬 채 긴 수염을 휘날린다
여명의 하늘 아래 서 있던 대감나무
부르르 떨어 옷고름을 여민다
부지런한 박새 한 마리
봄의 씨앗을 물고 소나무 숲으로 푸드덕 날아간다
어림도 없다는 동장군의 기세는
날로 초췌하다

오늘

조금은 오만 방자한 내일이 초췌한 오늘에게
거들먹거리며 주정뱅이 어제를 손가락질하며 끌탕한다
추억에만 젖어 사는 어제가
꿈만 먹고 사는 내일처럼 허망하게 살지 말라며
소심한 오늘에게 한마디 한다
신세한탄과 넋두리로 소일하는 어제에게 못마땅한 눈초리를 주던 내일
오지 않는 희망은 네 탓이라며 오늘 앞에서 괜스레 심술을 부린다
집 나간 지 오래된 철없는 내일을 하염없이 기다리는 오늘을 나무라며
어제의 입은 허풍스러운 무용담을 쏟아낸다
내일만을 짝사랑하는 오늘이 무심코 던진 말 한마디에
실연의 늪에서 헤어나지 못하는 어제에게
오늘따라 짙은 연민의 정을 느낀다
내일은 어떤 놈이 올지 모르고
어제는 어떤 가면을 쓰고 나타날지 모른다
오늘 그래서 마주보고 있는 지금의 민낯이 좋다

눈[目], 눈[雪]

눈 오는 날 눈을 맞으며 그녀를 그려 본다
그녀의 눈썹이 늘 눈보다 눈에 띄었음을 눈치 채지 못했지만
눈 내리는 잿빛 하늘에 꽂힌 그 서글픈 눈망울
눈발이 자라서 먼 산을 지우고
앞마당에 가지런한 추억의 흔적을 펼쳐놓는다
눈에는 눈 이에는 이라며 서슬 퍼렇게 충혈된 눈
그녀 눈가 잔주름이 매달려 있던 눈밭에는
어느 새 하얗게 눈이 쌓인다
어릴 적 눈깔사탕을 입에 물고
두 눈을 깜빡이며 들여다보던 눈의 세상
흔들리는 눈빛에 점점 멀어져가던 눈꽃송이
눈이 오면 눈을 들어 쏟아지는 눈을 가슴에 쓸어 담아본다
능구렁이처럼 어물쩍 눈구름을 걷어내고 눈치 없이 기웃거리는 햇빛
눈높이 사랑을 꿈꾸던 그녀의 마지막 시선이 머물던 대지에서
후일을 기약하며 스스로 몸을 허물어 눈물을 떨구기 시작한다

연연하다

멀리 날아가고 싶었을 게다
솔개보다 높이 날아오르고 싶었을 게다
한 줄 실오라기에 목숨을 걸고 사느니
차라리 줄 끊어진 연이 되고 싶었을 게다
연을 끊으려는 연과
연만 이어가려 하는 또 하나의 연
연적이 되어 붉은 손사래를 친다
심연에 간직했던 꿈의 한 조각
새파란 하늘 위에 띄워 놓고
가슴 한편에 널브러진 상념들 구름꽃으로 피어난다
마냥 너그럽기만 하던 무채색의 바람이 심술을 부리기 시작한다
두려움과 희망의 실타래를 엮어 이어주던 위태로운 연의 연줄
미래와 과거를 마주보고 있는 현재
늘 그랬듯이 설렘은 끊어지고
미련만이 얼레에 감겨있다

울림

산에 오르다가 산사 처마 끝에 매달린
풍경 소리를 듣습니다
꿈을 한껏 품은 산이 심호흡과 함께 기지개를 켜면
아름다움의 산울림이 되어 메아리칩니다
시끌벅적 어울려 한바탕 잔잔한 잔치가 지나가면
마음의 층간소음이 눈 녹듯 사라집니다
희망의 우물에서 두레박은
채움을 위해 비움을 멈추지 않습니다
비울수록 내면에서 파문을 일으키는 맑고 고운 큰 울림
비운다는 것은 너와 내가 하나가 되는 큰 울림통이 된다는 것
세속의 번뇌와 탐욕을 비운 법고가
노을빛의 파동이 되어 세상을 물들입니다
제 몸을 가벼이 함은
더 높고 멀리 날기 위한 꿈의 날갯짓이겠지요
낮고 깊은 울림이
살아있는 모든 것들을 깨웁니다
울림은 용서와 화해의 강물이 되어
사랑의 바다로 흘러갑니다
서로 다른 것들이 어울려 만들어내는 공명은
따로 또 같이 빚어내는 어울림의 울림입니다
풍경 하나가 산사를 다 울리고도 남습니다

진공관앰프

나는 수줍음을 많이 타는 새색시
사랑하는 마음이 전해지면 온 몸이 불그레 달아오르죠
나는 거짓말을 못하는 순수한 시골아가씨
아름다운 소리에 절로 흥이 나죠
나는야 한여름 밤의 보름달
붉게 물드는 복사꽃을 닮아가죠
나는 자극에 매우 늦게 반응하는 석녀
넉넉한 전희가 필요한 농염한 여인이죠
나는 쉽게 식지 않는 방황하는 밤의 여인
분위기에 속절없이 무너지는 서글픈 여인인지도 모르죠
석양이 온 세상을 붉게 물들이면
비밀스러운 나의 옷고름이 하나씩 풀리기 시작하죠
내 마음은 산처럼 높고도 바다처럼 깊어
따스한 온기로 영혼을 울리고 싶죠
빛의 파동이 감동의 물결로 전해질 때
나의 가슴은 희망으로 부풀어 오르죠

2부
잡초의 꿈

봄을 듣다

오래 전 화마가 훑고 지나간 벌판
그곳에 외로이 서 있던 소년이 있었다
기억자로 꺾인 그의 허리가 오랜 세월을 가꾸어
푸름이 가득한 잔디밭에 뿌리를 내렸다
어릴 적 차단된 것은 세상으로부터의 소음이었건만
주름 많은 그는 자연으로부터의 행복한 외침을 듣는다
땅 밑에 숨어있던 어지러운 폭음을 찾다가
무의식으로 얻은 무음의 득도
저벅저벅 밟히는 아름다움의 씨앗을 느끼는
그만의 청각이 봄을 깨운다
오늘도 땅 밑에 갇힌 온갖 생명들을 구해내기 위해
땀방울을 웃거름해주는 그
따사로운 햇빛이 봄비처럼 내릴 때면
여기저기 생명의 싱그러움이 부활한다

늘 두려움으로 지켜보던 그때의 소년보다
키가 작아진 벙어리 아저씨가 이제 듣는다
어렸을 적 마지막 들었던 폭음의 진원지
그곳으로부터 힘차게 들려오는 말발굽소리를

바보와 착함의 이중주

능청스러운 바보 총각과 착한 처녀가 눈이 맞았다
세간의 온갖 손가락질 받으며 위태로운 동거가 시작됐다
피할 수 없는 괴변의 광풍의 소용돌이가 몰려왔다
착하게 살라는 말보다
뒤통수에 입이 달린 가짜 신도들의 게거품이 무섭다
믿음이 착함을 버리기 시작하자
바보들은 욕망의 짙푸른 바다에서 십자가를 지고 침몰했다
죽은 지 삼일 만에 부활하고
착함의 복음이 세상에 타전되던 날
비웃음과 조롱의 누명을 씌우려는
성공의 치명적인 유혹이 지속됐다
오늘도 실패는 성공의 어머니라는 불협화음의 연주가 시작됐다
무거운 침묵이 객석을 감돌았다
지휘봉은 지식과 어설픈 권위로 조율되지 않은 채 흔들렸다
관중들은 아랑곳하지 않고 당당히 일어서 커튼콜을 외치고
바보와 착함의 이중주에 박수로 화답했다

비밀 많은 그녀

- 비누

거품이라는 미끼로 오물을 포획하는 그녀
상대의 오점을 가로채는 그녀
피하고 싶어 하는 모든 이를 포용하는 오지랖 넓은 그녀
땀 냄새를 싱그러운 체취로 감싸는 부드러운 손길의 그녀
삶의 고단함을 평화로운 일상으로 되돌리는 그녀
보잘 것 없이 왜소해져 버림받는 그녀
행복을 위해 무지개 빛깔의 풍선을 만드는 그녀
더러운 손을 덥석 잡고 빙글빙글 춤을 추는 그녀
결백을 위해 스스로 순결을 잃어버리는 그녀
타인을 위해 서서히 죽음을 맞이하는 그녀

늘 단단하게 차려입은 그녀
오늘도 그녀는 따뜻한 손놀림에 정갈하게 옷을 벗는다

윙크하고 싶은 날

사랑과 관심의 등에 업혀 기생하던 집착
빛과 어둠의 양면성에 기대어 위태로이 서 있는 욕망
오감의 노예가 되어 버림받은 진심
시공간을 넘나들다 스스로 박제가 되어버린 행복
서글픈 날엔 산을 오르고
기쁜 날엔 계곡을 흐르다
아름다운 물안개에 잠든다
살짝 기울어진 사팔뜨기 눈을 치켜뜨고
만물이 눈을 부라리는 아우성에
그가 귀를 열어 빛을 녹음한다
보고 싶은 곳만 응시하던 그가
등에 떠밀려 처음으로 깨달은 굴절된 시선
움직이는 사물로만 기억하는 사람들
두 눈의 관심과 사랑만으로 흔들어 놓던 그의 뿌리
시간의 그늘 아래 잠시 머문다
찡긋하는 떨림의 인기척에 놀라
찰나의 순간에만 내려놓는 그만의 해법
두 눈으로 어렴풋이 보이던 사랑
한 눈으로 또렷이 다가온다

잡초의 꿈

정원에 숨어든 씀바귀는 시한부 생명에 의지한다
텃밭에 겁도 없이 침범해 일가족이 도륙당한 명아주
뻐대 있는 상추가 이사 오자 유기된 강아지풀
가을까지 귀퉁이에 구금된 채 사육 당하는 쑥
환대 받다가 토사구팽 당하는 냉이
인해전술로 겁을 주다 독극물로 몰살당하는 쇠뜨기

손도 눈도 안 가는 귀퉁이에 터를 잡은 쇠비름이 웃는다
폭풍우를 뚫고 올곧게 서 있는 민들레꽃
모두들 죽은 척 하다가 박수를 치며 일어선다
비로소 초여름 풍경이 완성된다

깡통시인

어디서 나는 소리인가
여기저기 덜그럭 소리 들린다
보이는 건 많지만 앞뒤조차 구분할 수 없고
무어라 하는데 무어라 하는지 알아들을 수가 없네
여행도 다녀보고
책도 읽어보고
맛난 것도 먹어보고
노래도 들어보고
예쁘고 고운 것도 쫓아다녀 보았으나
내가 하는 소리만이 산울림이 되어 귓전을 맴돈다
눈보다는 가슴만을 바라다보는 가분수의 불안한 걸음걸이
외롭고 설운 신세타령
애꿎은 외인부대의 짧은 시평과 함께 찾아오는
칠흑 같은 어둠

애증관계

흡연금연흡연금연흡연금연흡연금연
흡연, 부러움의 대상인 금연만을 쫓는 금연의 영원한 스토커
금연, 첫사랑을 잊지 못해 늘 위태로워 보이는 흡연의 오랜 짝사랑 연인
연자 돌림의 이복형제인줄 알지만
사실은 습관과 자유의지 사이에서 태어난 사생아
세상에서 가장 독한 존재의 머리와 가장 약한 의지의 육신을 소유한 그들
그들은 적과의 동침의 주인공이자 야누스의 분신
흡연과 금연 그들의 공통분모는 연금
건강과 질병을 볼모로 한몫 두둑이 챙겨 교만해진 연금
그들은 양옆에서 늘 그에게 머리를 조아리거나 아첨을 떨지만
그는 그들에게 눈길 한번 주지 않는다
흡연이 금연에게 너처럼 우유부단한 놈은 처음 봤다며 끌탕한다
금연이 흡연에게 너처럼 집요하고 이기주의적인 놈은 난생 처음이라며 눈을 흘긴다
금연흡연금연흡연금연흡연금연흡연
오늘도 남 탓만 하지 말고 너나 잘 하라고 서로 삿대질이다

행복한 갱년기

그녀가 예고도 없이 쳐들어와 안방에 눌러앉은 지 수개월
살다 살다 그리 변죽이 많은 처자는 처음이다
한겨울에 창문 열고 이불 걷어차 고뿔까지 들게 하더니
한 여름엔 목화솜이불 꺼내 덮으며 심술을 부린다
주목받지 못하던 그녀가 세간의 이목을 끌기 시작한다
환자라는 선명한 주홍글씨가 새겨진 수의를 입은 그녀
고요한 밤 불면증을 소환하여 날마다 일탈을 모의한다
모든 걸 백지화시키는 그녀의 비밀이 어둠을 밀어내자
건망증환자가 새벽을 뚫고 걸어 나온다
그녀가 트랜스젠더의 효시였다는 흉흉한 소문이 번져나가자
화장실 바닥에 내 팽개치진 꽃무늬팬티가 그녀를 변론한다
미필적 고의에 의한 자연사의 허물일 뿐이라고
구시렁거리던 사내들의 불만도
심심하고 밋밋해진 그녀의 욕망에 시들해진다
언젠가 본 듯한 그녀가 사춘기의 배다른 형제임이 밝혀지자
또 다른 낯선 곳으로 발걸음을 내디딘다
그녀가 걸어갈 봉인 해제된 마지막 순례자의 길
희로애락의 단단한 매듭이 풀리며 발걸음이 가벼워진다

여명

푸르스름한 저고리 속으로 보일 듯 말 듯 숨어 있는 그녀의 속살
황홀한 여체를 드러내기 전 순결한 의식을 준비하는
하얀 적삼을 휘두른 시종들의 종종걸음
비밀스러운 의식을 지켜보기 위해 까치발을 하고 동동거리는 시선들
부끄러움을 등에 업고 보랏빛 구름에 얼굴을 숨기고 기웃거리는 그녀
어둠과 빛의 경계선에서 방황하는 그녀의 수심이 깊어간다
이내 떳떳함의 지팡이를 짚고 뭇 시선을 의식하지 않는 그녀
끈적끈적한 밤을 상상하며 달아올랐던 그녀의 그림자
석양이 앞서가는 그녀의 옷자락을 붙잡는다
멈칫거리며 부풀어 오르는 그녀의 가쁜 숨소리에 흩어지는 붉은 운해
정적을 깨우며 그녀를 반가이 맞아주는 대지의 휘파람새 울음소리
찰나의 청사초롱을 앞세우고 떠나는 야누스의 두 얼굴
뭇 사내들의 가슴을 설레게 하지만 오늘도 얼굴을 쉬이 허락하지 않는 그녀
탄식과 아쉬움을 뒤로 한 채 또 다시 석양으로 밀월여행을 떠나는 그녀

떠오르는 심연의 석양

얼마나 오랜 세월이 지나면 깨우칠까
깨우치면 또 그 봄은 다시 순풍을 타고 올 수 있으려나
아웅다웅 갑을박론의 풍랑을 만나 떠오르지 못한 초라한 해돋이
크고 작음의 의미는 스치는 바람에도 오금이 저린다
옳고 그름이 떠도는 밤하늘 미리내의 흔들리는 불빛
무의미의 소용돌이 한 가운데 의미가 견고해짐은 약물중독의 전조
행복을 푸는 이차방정식의 민초의 머리가 밤새 백발이 되고
미시적 난제를 풀기 위한 거시적 미적분의 먹구름이 낮게 띄운 구중궁궐
간절함을 담은 의미 없는 명제의 일차방정식의 기도가 겸연쩍다
모든 것을 삼켜버린 짙푸른 바다의 정적을 않고 심연 속으로 가라앉는 서러운 태양
쓸데없는 걱정의 소란스러움과 명랑한 마음이 즐비한 침묵의 포장마차를 산책하고 싶다
잠들고 싶은 마음을 갈기갈기 찢어놓는 바보들의 행진곡 그것은 어둠속의 장송곡보다 구슬프다
침몰은 떠오름의 또 다른 얼굴 그 찰나의 일출 같은 황홀한 석양
심연에서 잠들어 있던 해돋이를 상기하기 위해
검푸른 바다의 봄은 그렇게 붉은 홍조를 띠고 차오른다
우리 모두의 숨겨진 설움을 꽃으로 피우기 위해

개둘기[1)]

인류의 평화를 짊어지고 하늘을 날던 그들이 추락하였다
미필적 고의에 의한 직무유기로 억울하게 기소된 그들이지만
일절 법적 대응을 피한 채 노숙자가 되어 빌딩숲에서 배회한지 오래다
미세먼지와 공해로 찌든 나래를 펴고 힘겨운 옛 영화를 갈구하던 그들
노점상에서 버려진 1면을 장식한 테러와 폭력으로 물든 신문지가 낙엽과 함께 뒹굴자
그동안 침묵으로 일관하던 그들
명예훼손과 무고죄로 법적대응에 나섰다는 소문이 돌기 시작했다
참새와 까치의 삶을 벤치마킹하여 살아남은 그들
까마귀를 변호사로 선임한 그들이 본격적인 법적투쟁을 예고하였다
여전히 까마귀의 울음은 그들의 자존심을 건드려 정적이 된지 오래지만
그들의 피치 못할 마지막 선택이었다
대법원의 결심공판을 앞둔 첫 무서리가 내리던 어느 늦은 가을
그들이 해로운 사람으로 지정되었다는 청천벽력의 소식이 전해진다
인간으로부터 버려진 그들과 유기된 평화가 된서리 되어 내려앉은 서글픈 아침

---

1) 개와 비둘기를 합성한 속어

보이지 않은 천 가닥 만 가닥의 목줄이 그들을 옥죄고 있음을 깨달은 그들
오늘도 고개를 숙이고 말없이 거리를 배회하고 있다

묵정밭의 시인

애처롭게 바라보는 시선을 이해할 수 없는 달맞이꽃
멸시하는 눈초리에도 아랑곳하지 않는 질경이
이른 봄 먹거리로 융숭한 대접받는 냉이
쭈그리고 앉아 들여다보다가도 매몰차게 버림받는 강아지풀
뭉쳐 살아갈 때 뭇시선을 받는다는 사실을 깨달은 개망초
낮은 자세로 임하는 것이 좌우명이 되어 살아가는 쇠비름
언젠가 쓰디 쓴 세상에서 당당한 주연이고 싶었던 씀바귀
변신의 달인이 되어 탄생과 죽음을 꽃으로 승화시킨 민들레
모욕적인 이름에도 아랑곳하지 않는 철부지 애기똥풀
일가친척은 물론 동족들이 무참히 도륙을 당할 때
어설피 숨겨둔 행운을 풀어헤치는 토끼풀
민주주의 법칙이 통용되지 않는 불합리의 텃밭
비폭력 평화의 씨앗을 햇빛과 바람의 응원을 받아 파종한다
이름에 걸맞은 소박한 풀과 꽃으로 당당하게 존재하고 싶다
운명은 희망과 절망의 교묘한 뒤틀림이 되어 대지에 뿌리를 내린다
없어야 할 자리에 존재하는 아름다운 꽃들도
한낱 그들의 신세와 다를 바 없다고 위안하는 낙천주의자들
세상의 당당한 주연이고 싶었던 그들이 몰려온다
뽑아내고 솎아내도 마냥 행복하다는 그들

한줄기 빛의 훈풍처럼 홀연히 나타난 구세주

빛과 어둠의 양면성을 감성의 프리즘으로 정제하는 시인
늘 꿈꾸던 묵정밭에서 그들만의 시낭송회가 열린다

기억불감증

인왕산 한 자락에 이런 저런 큰 바위들이 자리 잡고 있었다
우두커니 병풍처럼 둘러 앉아 숲을 내려다보며 늘 근엄하고 인자한 얼굴이었다
마른하늘에 날벼락 치던 날
바람과 햇빛이 그들의 웅성거리는 소리를 엿듣게 된다

금시초문 사실무근
기억이 없습니다
기억이 나지 않습니다
본 적도 들은 적도 없습니다
일면식도 없습니다
있어서도 안 되고 있을 수도 없습니다
상상도 할 수 없는 일입니다

우직하리라던 바위가 배반의 숲을 지날 때
늦은 가을 서릿발과 함께 들이 닥친 댓바람에도 꿈쩍 않던 풀잎들이 주저앉는다
기억상실증후군의 열병을 앓고 있던 큰 바위가 중얼거린다
우리에게는 기억은 사고의 부스러기일 뿐 간직할 필요가 없는 육신을 지녔다

그렇게 모든 것을 쉽게 잊어간다
정작 잊지 말아야 할 것은 세월에 실려 보내고
잊어야 할 것은 오래토록 가슴에 담고 사는 것
그것이 역설의 영웅을 꿈꾸는 바위의 철학이다
역린의 유언비어가 난무하는 비겁의 산에서
충신은 스러지고 간신은 우거진다
기억불감증은 또 다시 망각의 시간 속으로 정처 없이 흘러갈 것이다
미련과 상실의 시대를 위한 못 다한 바위의 무용담을 위해 산은 또 탈바꿈한다

왕국의 부활

고군분투하며 수십 년을 버텨오던 용맹스러운 어금니장수가 장렬히 최후를 마친 것은 후덥지근한 장마철 끝자락이었다 동료장수들은 무너져가는 왕국의 부실한 성곽 탓에 황망히 그 길로 사라져갔다 그 빈자리를 채우기 위해 인내의 세월을 보낸 지 수 개월 서늘한 아침바람에 호박잎이 맛나게 익어가는 가을 문턱에 성곽을 허물고 인공뼈로 구워 낸 벽돌을 채워 숙성될 때까지 비단실로 꿰매놓는다 마치 송충이를 한 입 물고 있는 듯한 전율을 느낀다

서리가 내리고 가을걷이가 끝난 황량한 텃밭이 을씨년스럽게 보이기 시작할 때쯤 임플란트용병들을 거주시킬 든든한 성곽을 재건한다 벽돌더미 아래 깊숙한 암반층까지 튼튼한 타이타늄 파일을 설치하고 이번에는 오랜 양생의 시간을 갖는다 온갖 푸르름이 혹독한 추위를 견디고 봄기운과 함께 입맛을 돋우기 시작할 때 겨울을 뚫고 솟아오른 죽순처럼 타이타늄 파일의 새순을 확인하면 서둘러 새로운 성곽을 마무리한다

온 세상이 산해진미의 보고로 탈바꿈하기 시작했다는 파발마가 도착했다 옛 영화를 꿈꾸며 마지막 단장을 마친 왕국에서 낯선 용병의 우렁찬 포효가 들려온다

아집(我執)

세상에 가장 큰 집
난공불락의 견고한 성
보이는 것만 존재하는 그 집
내가 살던 아름다운 집인 줄 알았다
빨간색 립스틱을 바른 미쓰 위
깊게 파인 드레스의 미쎄스 선
헤픈 웃음만이 남아 있는 집구석
한 번도 퇴락하지 않던 친구조차 살 수 없었나 보다

이제 덩그러니 나 홀로 살고 있다
이웃한 스러져가던 초가집에서 인기척이 난다
두문불출하던 고집(固執)이 괜스레 헛기침하며 지나간다

거부할 수 없는 향기의 추억

아랫목 목화솜 이불속에서 귀하게 자란 나는
떡시루에서 아우성치는 멋대가리 없는 콩나물을 이웃하며 살았구요
얼핏 고개를 들어보면 나의 조상들은 방구석에 박쥐처럼 매달려 있었습니다
할머니의 손을 잡고 마실 나갔던 그들이 돌아오지 않을 때
괜스레 걱정이 되기도 하였지만
내 몸 하나 건사하기 힘든 습하고 어두운 곳에서 견뎌낼 수 있었던 것은
가끔 살며시 다가와 따스한 눈길로 안부를 묻는 할머니의 손길
온 방이 나의 체취로 물들어갈 때면
새끼줄에 매달려 있던 선친들의 옅은 미소가 만들어낸 깊고 어두운 주름
묘한 냄새의 향연이 온 집안을 어지럽힐 즈음
일제히 저의 안부를 묻는 사람들이 하나 둘씩 늘어가구요
언제부터인가 이맛살을 찌푸린 표정의 아이들로부터 볼멘 목소리가 잦아지면
부산해지는 할머니의 손길 그리고 덩달아 빨라지는 할아버지의 몸놀림
부뚜막의 도마소리 요란해지고 구수한 밥 짓는 냄새가 저녁노을에 물들면
매콤한 연기는 뚫린 창호지와 문틈을 타고 어깨동무하고 건너오

지요
한편 곰방대와 함께 잠시 뒷방살이 하던 화로에는
부삽에 실려 온 시뻘건 숯덩이 가족이 이사 오고
그 불길에 질려 흙빛이 된 뚝배기도 풀썩 주저앉습니다
드디어 한줄기 석양빛에 나의 나신이 들어나고 밥주걱에 실려 뚝배기에 던져지구요
낯선 푸성귀 사이로 언뜻언뜻 보이는 흉악한 몰골을 한 괴물들의 처참한 모습
나의 이웃사촌 콩나물과는 이복형제라는 하얀 속살을 지닌 붙임성 좋은 친구가 들어오자
모두 한데 어울려 강강술래를 하지요
한 번도 본 적이 없는 그들의 축제의 향연에서
나의 채취가 어울릴까 하는 걱정도 잠시
다가서는 사람들의 왕성한 식욕과 함께 나의 존재는 굴뚝 연기처럼 사라집니다
나를 거부하며 보채는 아이들의 울음소리를 잠재우기 위한
다른 작은 뚝배기에 노르스름한 구름이 피어오르고
더 흉측하게 난도질당한 등이 굽은 괴물들의 잔해가 어지럽구요
비로소 나는 삶과 죽음의 경계선에서 모두의 꿈을 삭히고 있었음을 깨닫습니다
그 후로도 자주 나는 같은 악몽을 꾸지요
나는 그들의 삶에서 묻어나오는 향기의 존재이고 싶고
언젠가는 거부하던 아이들의 거부할 수 없는 추억으로 기억되기를 바래봅니다

생의 과즙을 채우다

바람이 불어오던 곳으로 빛의 향기가 사라진다
칠흑 같은 어둠이 세상을 지배하는 것은 아니었다
그저 있어왔던 자리가 위태로웠을 뿐
그 누구도 경각심을 선물하진 않는다
일출을 출산한 바다가 몸도 풀기 전 일몰을 잉태하자
침묵하던 하늘이 내일을 붉게 물들인다
모든 것이 침몰하자
무념의 등대에서 한 줄기 빛이 내려온다

해거름에 내려오던 실낱같은 희망
스스로 놓지 않은 썩은 동아줄이었을 뿐
해가 서쪽에서 떠오르고 달은 동쪽으로 가라앉는다
어둠을 태운 바람이 검푸른 바다 위 달빛을 잘게 부순다

끝에 이르면 모두 알리라

자라의 여정

부지런히 항해하고 있는 자라
열심히 무엇인가를 쫓아 이동하고 있다

사람들은 돈을 쫓아 머나먼 길을
걸어서 자동차를 타고 비행기를 타고 떠난다
오지 않을 사랑을 찾아
걸어서 자동차를 타고 비행기를 타고 간다
명예를 위해서
걸어서 자동차를 타고 비행기를 타고 향한다

아침이슬을 걷어내고 계곡을 오르는 자라
한참을 지나도 계곡 어디인가일 뿐
먹을 것과 상념을 잔뜩 지고 힘겹게 능선을 오르는 군상들
가져간 것을 버리고 새로운 것을 취하기 위한 잰 발걸음
다시 등졌던 세상의 험한 관념의 출렁다리를 건넌다
모두를 품고 사는 그는 그 무엇을 위해서 움직임이 없다
항상 앞서 있거나 뒤쳐져 있지 않고 스스로 변화할 뿐
빠른 이동은 부질없다는 그의 묵언수행을 본다

3부

괄약근 트레이너

알파고제국의 시인

이상과 현실이 어깨동무하며 춤추고
기괴한 모습의 미래가 나란히 하는 오늘
척박한 현재는 풍요로운 과거를 딛고 당당하다
조금은 허풍스런 웃음소리를 가진 현재가
가냘픈 미소의 추임새를 갖추고는 뒷걸음친다
희망과 절망으로 뒤범벅된 악몽 같은 겨울밤을 지새우고
내일이 서릿발 내리는 아침을 맞이하고 있다
촐랑대며 설레발을 치는 철없는 미래는
다소 냉소적인 오늘의 음담패설로 상처를 입은 듯 조용하다
위태로운 추억과 잡초 같은 쾌락의 숲에서
어제가 슬픔으로 분장한 채 삐에로처럼 출현을 꿈꾼다
풍요로운 상대성 이론과 무한한 가능성의 양자론이
가상의 알파고 제국에서 잠시 고개를 든다
방대한 정보와 고뇌의 숲으로 융합된 그들의 제국
하늘을 수놓고 지나가는 시인의 눈빛만이 영롱하다

해상도의 추락

800 X 600 에이치디급(High Density) 그녀의 주름이 보인다
1024 X 768 풀에이치디급(Full High Density) 그녀의 눈물이 보인다
1280 X 1024 유에이치디급(Ultra High Density) 그녀의 슬픔이 보인다

선명해지기 위해 조급증과 맹목적 만이 불야성을 이룬다
죽음까지도 표현하려는 애처로운 땀방울
색감과 따스함을 잃은 무채색의 화려함만이 가득하다
세밀하고 정교해질수록 추락하는 우리 가슴과 마음의 해상도

인수봉에 걸려있는 석양 저 너머 붉은 태양
그 온기마저 못 느끼는 이진법 화가의 붓끝이 무뎌져간다

갑을방정식

계약이행보증금은 갑이 을에게 하사하는 낙인 값이다
지체상환금은 을이 다니는 길목에 갑이 쳐놓은 올무다
결제기간은 갑이 정한 불문율이다
비투비(B2B)어음은 갑의 똘마니 고리대금업자간의 이면합의이다
할인이자는 나라님이 정한 허수아비 이율보다 예리하고 냉정하다
갑이 작명한 가납 수탁 선납은 봉이 김선달의 대동강보다 넓고 깊다
갑은 을의 변수를 꿰뚫고 있고
을은 갑의 변화무쌍한 상수를 알지 못한다
방정식이 성립되기 위한 전제조건의 난해함을 을은 도무지 이해할 길이 없다
물질적인 소통의 무대에서 활약하던 장돌뱅이
비즈니스 거간꾼의 지독한 입 냄새에 질식하고
셈하는 방법을 망각한 채 노숙자로 전락한지 오래다
오랜만의 갑의 주문서에 희망을 매달고 달리는 을의 스마트폰
쏜살같이 날아오는 갑의 씩씩한 전령사의 외침
"갑이 을에게 9만 9천원 만기 180일 전자어음을 발행하였습니다."

Long Play

나는 빙글빙글 돌아 어지러워야 살맛나는 별난 존재입니다

나는 불그스름한 조명이 있는 아늑한 분위기를 좋아하는 로맨티스트입니다

나는 제 몸을 갉아먹으며 아름다움을 토해냅니다

나는 반복되는 삶을 살고 있지만 한 번도 싫증을 내거나 투덜대지 않습니다

나는 그들이 화를 내거나 슬픈 얼굴로 다가올 때도 반갑게 맞이합니다

나는 짧고 예쁜 우리말 이름보다는 긴 영어이름의 이니셜만으로 불립니다

나는 영어이름을 정확히 아는 사람을 접한 적이 그리 많지 않습니다

나는 한때 세상으로부터 버림받은 적이 있었습니다

나는 이제 늙어갈수록 몸값이 올라가는 골동품 대접을 받기도 합니다

나는 스스로 아무것도 할 수 없는 장애인입니다

나는 제 몸을 뒤집을 때도 누군가의 도움이 필요합니다

그렇지만 나는 행복합니다

왜냐하면 달을 뒤집으면 해가 되기 때문입니다

괄약근 트레이너

어느 때부터인가 욕망을 억누를 길 없어 게걸스럽게 먹어치운다
모두가 절제를 이야기 하지만 그럴 수가 없다
소비가 만들어내는 허구의 풍요를 외면할 수 없는 메커니즘
땀으로 만들어진 단단하고 외로운 쾌락에 식상한 군상들
끊임없이 밀려오는 허기와 참을 수 없는 욕구의 수레바퀴
질주하는 통제불능의 폭주기관차
눈과 입을 즐겁게 하기 위한 충실한 본능의 행렬
멈출 수 없는 욕망의 순례자들
그들의 시선이 잠시 머무는 어둠의 네온사인
이 질환을 낫게 해 준다는 돌팔이의사의 감언이설로 피어난 전단지
예쁜이수술로 당당해진 눈빛과
요실금 대신 얻은 분실금으로
앙다문 입꼬리가 서글프다
온몸으로 쳐들어오는 쾌감의 파도에도 아랑곳하지 않고
다부진 몸매와 절제된 행동으로 늘 함께 하는 이가 있다

욕망 조절 괄약근 트레이너
당신의 이름은 자연입니다

간첩의 소멸

한때 007 제임스본드가 우상이었다
그가 가진 모든 것을 숭배했다

꿀벅지 아스라이 걸친 검정색 가터벨트의 여인
날렵한 구닥다리 권총과 최첨단의 가젯의 기이한 취향
출처를 알 수 없이 세탁된 어마어마한 용돈
측정불가 지능과 감성지수를 겸비한 양수겸장의 달인

잔인한 죽음마저도 멋진 흑장미로 변신시키는 탁월한 연출력
카사노바도 부러워한 마성의 바람둥이
국가권력마저도 굴복시키는 그의 카리스마

스마트 폰이 창궐하자 모두로부터 버림받는다
개 버릇 남 못주며 무지갯빛 고왔던 그
홍콩 뒷골목 노숙자가 되었다는 소문이 자자하다

똥의 백서

개똥은 똥이 아니다
약으로 쓰인지 오래됐다더라

쥐똥은 귀하다
본 지 오래더라

새똥은 얄밉다
늘 숨어있는 노상방뇨더라

소똥은 푸근하다
냄새가 구수하더라

파리똥은 궁금하다
아무도 그 실체를 모르더라

고양이똥은 드러나지 않는다
욕구가 생리현상을 지배하더라

닭똥은 보배다
새로운 생명의 원천이더라

물똥은 최악이다
마무리할 방도가 없다더라

된똥은 잔인하다
고통과 피를 부르더라

피똥은 무섭다
죽음의 향기가 묻어있더라

애기 똥은 무죄다
색깔도 향기도 사랑이더라

사람 똥 지독하다
그래서 아무짝에 쓸모없다더라

금연에 관한 보고서

우리나라는 시도 때도 없이 금연을 시도하는 연놈들은 99,990명이다

작년 연말까지 금연미수범은 3,215,127명이다

타르 3.0 니코틴 0.1 유독 낮은 숫자놀음에 중독된 좀팽이가 1,812,084명

금연과 건강과의 무연관성을 입증하기 위해 게거품을 물고 열변을 토하는 놈들이 520,154명

오늘도 습관성 금연시도증후군에 시달리는 선남선녀가 10,567명

담뱃값 인상이 미치는 금연인구의 증가에 대한 사탕발림에 속은 애국자가 2,580,155명

금연이 다이어트에 미치는 악영향에 대하여 조잘 되는 빨간 립스틱의 아가씨가 22,028명

담배를 사기 위해 꼭 생리대를 같이 사야하는 까만 봉투를 품에 안은 소심한 아줌마가 12,587명이다

담뱃값 인상에 힘을 빌려 금연을 다짐하는 급성의지박약신드롬을 앓고 있는 선량한 아빠들이 354,890명

금연에 대한 과대망상증을 호소하며 보건소를 찾아 스스로 환자의 길을 선택한 순진한 백성이 1,143,532명

금연을 무력화 시키려는 교묘한 사이비 전자담배의 출현으로 방황하는 합리주의자가 2,567,245명이다

금연만이 만병통치임을 선전하는 잘 만들어진 공익광고를 들여다보며 담배를 꼬나물고 계산기를 뚜드리는 정부의 고위관료가 18명

이래저래 금연에 대한 짝사랑으로 열병을 앓고 있는 또 다른 시한부 생명들 새로운 다짐을 지키기 위해 금단증상과 날마다 사투를 벌인다

정말로 대단한 이 나라의 행사다

- 유홍준의「다방에 관한 보고서」를 패러디하다

껍데기의 충고

어젯밤 늦게 마신 술
편의점으로 가 너를 만난다
깨알같이 적힌 문신을 가진 너의 매끈한 알몸
너의 짧은 스커트 한쪽 귀퉁이 앙증맞은 줄무늬까지 찬찬히 독해한다
그 먼 타향 브라질에서 온 사실과
세하도[1] 명가문의 출신인 너를 알고 갑자기 나는 소나기처럼 왜소해진다
창피한 줄 모르고 모든 걸 까발린 너의 이력서
잠시 짧은 지식이 들통 날까 나는 근엄한 표정관리에 들어간다
너의 스토커 나의 무료함이 수사에 착수한다
먼저 전구같이 빠른 좌뇌가 너를 스캔한다
"폴리에틸렌테레프탈레이트[2]"
"나트륨 6%"
"탄수화물 7%"
"당류 22%"
"지방 7%"
"포화지방 20%"

---

1) 세하도 : 브라질 고원 중앙부와 고이아스주에 걸쳐 있는 자연보호지역. 세계에서 손꼽히는 열대우림지역
2) 폴리에틸렌테레프탈레이트 : 페트병의 재질로 투명하고 가벼운 플라스틱의 명칭

"콜레스테롤 5%"
"단백질 6%"

형광등 같은 우뇌가 너를 감성으로 또 한 번 탐색한다
"최상의 원두와 최적의 추출방식으로 맛을 완성하다"
"햇살이 좋은 아카XX"
죽어서 호랑이는 너를 남기고 사람은 상표를 남긴다는 전송오류의 현수막이 뇌전으로 타전한다
너는 나의 의지와 관계없이 수초처럼 나의 좌뇌를 뒤덮고
습관처럼 나의 우뇌에게 너는 독백처럼 속삭인다
나처럼 살지 말라고

담장을 부수다

오래된 담장을 부수었다
피폐해진 맘을 허물고 덜거덕거리는 자존심을 내팽개쳤다
벽이 없는 이웃이 쳐들어왔다
가슴이 뻥 뚫렸다
우선 대한민국이 한 눈에 들어오고
책상 위에 우두커니 서 있던 지구본이 살갑다
늘 매달려 있던 아집과 잡념이 뛰쳐나가고
할머니의 밥 짓던 구수한 추억과
잊힌 친구들의 웃음소리가 뒤꼍으로 다가온다
하루 밤에는 멧돼지가 텃밭을 뒤집고 가고
이틀 저녁 오랜만에 놀러온 쑥국새가 뒷산에 눌러 앉는다
겨울에는 여전히 꿩이 먹이를 구하러 내려와
지워지지 않는 발자국을 남기고 갈 것이다
민들레가 노랗게 덮은 뒷산의 할아버지 묘소와
몇 해 전 아버지가 심은 매실 꽃도 들어왔는데
하늘 품에 안긴 도봉산과 무수골 계곡이
내 소유라는 생각에 뿌듯하였다
황매화 군락이 줄지어 서 있는 한천[1)]으로
흘러가는 계곡물과
그 끝자락에 걸린 손바닥만 한 무지개는

---

1) 한천 : 현재의 중랑천의 상류

중랑천을 가로지르는 하루 수천 대의 자동차가 들어왔다
여명의 푸른빛이 시작되는 수락산과 불암산까지 나의 소유가 되었다
우이암에 올라서면 한양 땅에 솟아오른 북악산이 멀리 보이는데
나중에 한양의 영주와 소주 한 잔 마시며 소유권을 다투어볼 참이다
북한산 내놓기 싫으면 데릴사위라도 내놓으라고 협박할 생각이다
그것도 안 들어주면 하늘에 울타리를 쳐서
한양 쪽으로 흘러가는 바람과 새소리를 멈추게 할 것이다
공시지가 삼백만 원짜리 서울에서 가장 싼 고향집에 터를 잡고 나서
나는 큰 도시의 행복한 거지가 되었다

- 공광규 시인의 「담장을 허물다」를 패러디하다.

부끄러움에 대한 小考

나는 에덴동산에서 사과와 함께 태어났습니다
나는 욕망의 숲에서 자라 순수의 꽃으로 피어나는 동화의 주인공입니다
나의 유전자는 본래 사랑이었으나 다양한 변이가 이루어진 천의 얼굴입니다
나는 두근두근 거리며 다가오지만 착함의 전조증상이기도 합니다
나의 양면성으로 많은 이들이 혼동의 바다로 흘러갑니다
나를 가까이함은 좋으나 지나치면 오해의 씨앗이 되기도 합니다
나는 그런 면에서 절친 '수줍음'이 제일 부럽습니다
나와 같은 존재의 대상이 되지 않기 위해 사람들은 모순이라는 나무를 가슴에 심습니다
나는 무의식의 내면에 차오르는 원죄의 수증기를 내뿜는 깊은 심연에 사는 고래입니다
나는 사랑에서 시작되었고 미움은 나를 등진지 오래되었습니다
나는 가슴을 가리는 사람보다 눈을 가리는 사람을 좋아합니다
나를 잊고 사는 이들이 많아진다는 서글픈 이야기가 들려옵니다
나를 시샘하는 어둠 저편에서 뻔뻔한 자들이 뿜어내는 눈초리는 정말 무섭습니다
나의 출현과 함께 깨달음의 결실을 맺고 인간성 상실은 나의 소멸과 함께 시작됩니다

나는 믿습니다 그래도 나의 존재는 곧 모두의 희망이라는 것을

업사이클링

썩은 지식의 악취
녹이 슨 지혜의 소음
추락하는 노블레스오블리주의 천박함
알량한 학식이 광란의 춤사위를 이어가고
타락한 법전이 망가진 저울에 애처롭게 매달려있다
비열한 지성이 식은땀을 흘리고
먹을 것을 토해내며 끊임없는 배고픔을 배설한다
미끼를 색깔로 인식하고
피아식별은 소리에 의존하는 신인류의 탄생
보다 진보된 사회로 가기 위한 기괴한 말잔치의 변이
퇴보를 막기 위한 단발마의 울부짖음
여전히 구석기시대를 살고 있는 개미 한 마리
제 몸집보다 큰 나비 한 마리를 머리에 이고
요단강을 건너고 있다

신용불량자의 비애

악의 등급 7등급
선의 등급 7등급
신용등급도 7등급
그의 한숨이 땅거미 되어 내려앉는다
현실의 악취는 먹구름을 몰고 온다
행복은 너무도 먼 곳에서 기웃거리기만 한다
희망은 높은 곳에서 한참을 비웃다 간다
불행은 예측불허의 변심한 애인과 동거중이다
낯선 이 땅이 희망의 대지인줄 미처 몰랐다
역설이 순리보다 새벽을 먼저 깨우는 필연의 여명인줄 몰랐다
고통이 없음은 새로운 사랑의 마지막 장의 시작임을 몰랐다
쾌락의 끝이 고통의 시작임을 애써 외면하는 신용불량자
아무것도 믿지 못하는 신용재단사의 눈초리가 매섭다
그의 신용을 저울질하기 위해 진심을 갈무리한다
난도질당한 그의 진심이 백기를 들고 투항한다
추락하는 것엔 신용이 있고 비상하는 것엔 소비만이 있다
그가 맞닥뜨린 견고한 믿음의 성벽 자기복제의 비밀이 담긴 비밀스런 금고
그 계단에 서 있는 그의 눈동자가 흔들린다
억울한 주홍글씨인줄 알았더니 행운의 부적이었다
7성급 호텔에서 바라다보는 그의 시선이 머무는 칠흑 같은 꿈의

낭떠러지

그의 선한 눈동자에 북두칠성이 초승달을 타고 내려앉는다

묵언의 학습법

어버버버~ 파파 퍼퍼퍼바~
파파파프~ 바바버프~
그가 가리키는 곳에 땀 흘려 가꾼 파란 잔디정원
바바바퍼퍼~ 퍼퍼바바프~
퍼퍼파프~ 어버버파파~
그의 눈빛이 향하는 곳에 펼쳐진 흐드러지게 핀 수국
그를 둘러싼 이웃들의 호기심의 귀가 커져가고
그를 대변하는 통역사들의 목소리가 높아간다
바버~ 프파바바버~
파파퍼퍼버버~ 바바바버버프~
버버버퍼프프~ 버바바바버버버파~
옆에 다소곳이 말없이 서있던 곰보여인의 한마디
알았어요 그만해요
프파파파~ 파~퍼퍼버버파파~
화가 많이 난 모양이여, 누가 그랬을까
난감해하며 어렵게 말문을 여는 이웃집사람들
습득한 그의 언어로 다들 한마디
파파파 버버버
애꿎은 작대기를 내던지며 그가 나지막하게
파파파퍼퍼프~ 버버버버파파프~
그걸 누가 훔쳐가겠어요, 그만하세요

애처로운 눈길의 곰보아낙이 그의 등을 두드린다

그의 땀으로 일군 아름다운 동산에서
따사로운 햇살처럼 퍼져가는 그의 옅은 미소
관심과 사랑으로 커져가는 그만의 언어

뺑과 꽝의 말로

누구도 그들을 비난하지 않았다
가진 것이 많지만 무소유를 주장하던 꽝씨가 묘향산의 한 절에 입적하였다
우왕좌왕하던 뺑씨는 더 이상 까치와 까마귀의 대변인이 될 수 없음에
스스로 목숨을 끊었다는 소문이 개성 바닥에 자자했다
누구도 그들을 존경하지 않았다
차고 넘치는 무지와 오만으로 무장한 꽝씨
객기 앞에 때 늦은 무념무상을 설파하던 뺑씨
둘은 승적을 포기하고 북한산의 외딴 주점에서 동가숙서가식하고 있다는 소문이
서울 장안에 파다하다
꽝씨의 허풍과 뺑씨의 질투가 어울려 혼돈과 무질서의 검은 비가 내렸다
미시적 불평과 거시적 분노가 어색한 동거를 시작했다
그 때쯤 세기말적인 전쟁을 암시하는 듯한 유치한 은하호가
치졸한 싸드(THADD)에게 추파를 던진다
천국에 이를 것 같던 무수한 희망이 태어나자마자 절망의 사생아로 전락했다
모두를 배부르게 했지만 쉽게 꺼지는 포만감으로 초점을 잃은
아이들의 눈에는 상실감과 공허로 가득하다

아무도 경험하지 못한 극한의 절망과 고통을 잉태한 검은 버섯 구름
악몽을 꾸는 아이의 손에서 꼭 쥐고 있던 초코파이가 힘없이 바닥에 떨어진다
뻥씨의 꽝, 꽝씨의 뻥
그들의 말 한마디에 희망과 절망이 교차한다
눈물과 땀으로 얼룩진 유성우가 빗발치듯 쏟아진다
견우성과 직녀성을 가로지르는 커다란 별똥별이 사라진다
개똥철학과 빛바랜 이념으로 무장한 두 형제
이데아의 변방에서 어설픈 손자병법을 설파하다 나란히 잠들고 있다

개미와 바위

중력을 초월하여 수직절벽을 자유스럽게 오르내리는 그녀
그 아래에서 오랫동안 절벽을 응시하는 숨 가쁜 시선들
그녀의 존재는 알 수 없고 아름다운 풍경만을 인식할 때
그녀는 아무런 장비도 없이 그러한 능력을 가졌음을 과시하지 않는다
오랫동안 그녀의 존재를 알고 있는 그만이
가끔 그녀가 눈치 채지 않게 지긋이 실눈을 뜨고 아래 계곡을 응시한다
아랑곳하지 않고 그녀는 뙤약볕 아래
부지런히 과거와 현재를 잇는 기하학적 설계도를 그리고 있다
하지만 그는 안다 그녀가 얼마나 버틸 수 있을지
어쩌면 천 길 낭떠러지 세상이
그녀가 미처 그려내지 못한 마지막 시공의 종착점이라는 것을
어느 순간부터 그도 이제는 조바심 없이 그녀를 오랫동안 지켜보았다
그녀는 제 몸을 가벼이 하기 위해 관념을 버리고 사색을 버리고 끝내 잡념까지 버린다
깃털처럼 가벼워진 그녀의 몸은 이제 그 보다 더 단단한 철갑을 둘렀다
돌풍에 휘말려 미지의 신세계발 자유낙하 편을 이용하는 그녀는 역마살의 주인공

오로지 이런 엄청난 역사가 이루어지고 있음을 모르는 제 눈의 안경을 쓴

한 무리의 등산객들이 저마다 생각과 먹을 것을 잔뜩 지고 부지런히 산을 오른다

혜원을 꿈꾸다

초헌관 앞으로 나오시오
초헌관은 분향, 강신 의례를 올리시오
헌관과 참사자 모두 참신 재배하시오
초헌관은 헌작하시오
참관인은 모두 부복하시오
재롱을 떠는 십이世 손자를 물끄러미 바라다보는 신숙주의 얼굴이 아른거린다

아헌관은 헌작하시오
아헌관은 재배 후 퇴주하시오
모든 참관인은 부복하시오
22世 백파 신헌구가 부채를 들고 시조를 읊조리신다

종헌관은 헌작하시오
종헌관은 재배 후 제 자리로 돌아가시오
참사 자 모두 부복하시오

19世 혜원 신윤복이 화첩을 들고 노래한다
제발 절 내버려 두세요
27世인 내가 원했던 그가 거부하던 세상은 여전히 존재하지만
새로운 과거가 내일로 연결되는 그 순간 미인도의 그녀가 미소

짓는다

아름다운 세상을 꿈꾸었던 그들이 내게 다가와 속삭인다
칠흑 같은 어둠을 뚫고 내일로 가는 것은 오늘을 사는 스스로의 용기일 뿐
감추어진 진실의 무게를 저울질하는 것은 아니라고

환자의 고백

믿음을 믿지 아니한 적이 없는 나는 환자다
주말에만 재발하는 특발성가슴앓이 환자다
믿지 아니하면 아픔을 증명할 도리가 없음에
나를 빼고 모두를 믿게 하여야 구원 받는 서글픈 환자다
자신의 안녕과 번영을 위해 믿음을 구걸하여 쌓아온 두텁고 높은 벽
이는 세상으로부터 고립된 또 하나의 정신병동이다
고달픈 삶을 위로 받기 위한 무거운 발걸음이 주말을 향한다
화려한 불금의 밤하늘에서 쏟아지는 십자가 네온사인
잰 발걸음으로 흔들리는 불빛을 쫓는다
너무도 멀리 와 있는 나의 뒷모습이 애처롭다
신이 나에게 내린 저주는 지나친 꾀병의 연기력
그리고 이를 눈감아 주는 돌팔이의사의 지나친 관용과 친절뿐

믿는 자도 환자이고 믿지 않는 자도 환자인데
믿지 않는 자는 통증을 못 느끼고
믿는 자는 통증을 더욱 깊이 느끼지만 그래도 나는 믿는다
세상을 구원하는 것은 환자의 믿음밖에 없음을

4부
바보와 착함의 이중주

잠자리꽃

계곡을 오르는 발밑에는 가는장구채
손끝에는 산들산들 구절초

아름다움에 목말라 하는 내 마음의 그림마당
하얀 개망초 군락이 끝도 없이 그려진다

지평선 너머 새파란 바다잔디를 품은 하늘정원
뭉게뭉게 하얀 구름꽃이 새처럼 날아오른다

구름 꽃밭에서 마음껏 뛰놀던
밀잠자리 쌀잠자리 보리잠자리 고추잠자리

가을바람에 후드득 내려앉는다
내 마음은 어느새 알록달록 코스모스 꽃밭

똠방각하

모두가 경외의 눈길을 주지만
부러움의 대상에서 멀어진다
한 번도 그리 되리라 생각해본 적 없지만
결코 그 자리에 머물지 않던 우직한 순백의 하늘
햇볕에 그을리고 바람에 깎여 흔적 없이 사라진다
오늘도 그는 만사 제쳐두고
국민의 행복과 안위를 위해
볼품없는 누각을 쌓기에 바쁘다
저마다 마음 속 깊은 구중궁궐에
그를 모시고 산다

가살피[1]

한 무리의 두루미 떼 정쟁을 피해
양주목 암회리 도봉산 자락에 둥지 튼 지 수백 년
얼기설기 싸리나무 담장 아래 봄이 묻어난 돌나물
증조할머니의 손맛을 기다리는 장독대의 빨간 고추장
싱그러운 봄과의 상견례에 얼굴은 더 붉어지고
고운 햇살이 졸며 고개를 숙인 나지막한 언덕
할미꽃 가족 힘겹게 동그란 산소로 마실 나오고
배고픔을 잊기 위해 사냥 나온 아이들
고사리 같은 손에서 피어난 싱아와 장다리 한 움큼
양지바른 낟가리에서 똬리를 틀고 일광욕을 즐기던 능구렁이
자지러지는 한 살 차이 더벅머리 아저씨
호두나무 이파리에 숨어든 연둣빛용의 위용에
사색이 되어 도망가던 네 살 차이 허망 할아버지
초가집 이엉에 살이 통통하게 오른 굼벵이
한 입에 털어 넣으시던 진짜 증조할아버지
늘 쫓아 다니던 알 수 없는 허기를 내쫓던 부뚜막의 솥단지
가장 두려운 대상이었던 보리밭의 문둥이
아지랑이 피어오르고 배고픔이 매달리던 늦은 오후
작은 소반에 들린 정갈한 밥상을 맞이하던 그들의 미소
대추나무 그늘 아래 그들을 지켜보던 서로 다른 두 개의 시선

---

1) 가살피 : 안방학동의 옛 지명

허겁지겁 그들의 불안한 포만감이 서두르고
간을 빼먹는다던 그들 어쩌면 할머니가 들려주시던 마지막 전설이 되었고
좀처럼 풀리지 않고 응어리져 있던 두려움이 눈 녹듯 사라지고
아무것도 무섭지 않게 된 할머니의 착한 마음이 마을을 풍요롭게 한다
세월이 흘러도 익지 않고 익숙해지지 않는 정지된 시간이 서글픈 오늘
어두운 별빛 하늘을 지붕 삼아 밤새 이야기꽃이 피어나던
원두막 같은 가살피, 내 고향

보청기의 기도

어머니의 아름다운 목소리를 들려주세요

경박하고 저속한 소음은 줄여주세요
칭찬과 격려의 소리는 올려주세요
음해와 비방의 잡음은 줄여주세요
상쾌한 아침의 새소리는 크게 올려주세요
출근길에 쏟아지는 서두름의 경적소리는 줄여주세요
사랑과 믿음의 소리는 크게 올려주세요
증오와 불신의 소음은 더욱 작게 줄여주세요
충고와 조언의 소리는 높여 주시고
아집과 독선의 소음은 줄여 주세요
이른 봄 꿈틀대는 봄의 소리는 크게 들려주시고
나른한 춘곤증은 줄여주세요
밤새 예쁘게 눈 내리는 소리는 크게 들려주시고
심야의 하수구 내려가는 소음은 줄여주소서

이 세상의 모든 소리와 소음이 균형을 맞추어
평화와 행복으로 증폭되게 하소서

쓰레기의 넋두리

한때는 쓸모 있었던 시절이 있었지요
어떤 때는 정말 소중하게 취급을 받았었지요
그때는 버림받으리라고는 꿈에도 생각 못했었죠
아무짝에도 쓸 모 없는 몰골의 망신창이로 나뒹굴기도 하구요
무슨 일이 있었는지 큰 장애를 입고 외발로 서있기도 하네요
멀쩡한 허우대로 이곳에 왜 왔는지 모르겠다며
멋쩍은 헛기침을 연신 해되기도 하구요
또다시 유기되어 억울한 환경오염의 주범이 되어
울상이 된 이들도 있지요
모두 모여 화려한 과거사 이야기가 쏟아지는 날
뜻깊은 유유상종의 머나먼 순례자의 길을 떠나가지요
그 어디에도 끼지 못해 안절부절 하는 이도 있지요
새 주인을 만나 희희낙락하며 휘파람도 불구요
성격도 까칠하고 악취까지 풍겨
별도의 장소에 구금당하기도 했지요
근자에 들어 언론에 자주 노출되어 거만해진 그들
과유불급의 어깨띠를 저마다 두르고 시위 중입니다

정승의 꿈

개똥이 약인 줄 알았던 어린 시절
같음으로 늘 나를 반겨주던 뒷동산의 개망초
이름이 하필이면, 궁금했던 개똥벌레
벌거숭이 멱 감다 처음 맛 본 개복숭아
어른들의 입에 늘 붙어있던 개지랄
정색하며 삿대질하던 개망나니
승승장구하다 개털 된 동네 아저씨
처녀가 애를 배어도 할 말이 없었던 개판시대
렴주 애꾸눈의 그 독한 술을 퍼마시던 개장수
살구꽃은 역시 빛 좋은 개살구
자주 먹던, 할머니가 쑥으로 만들어 주신 개떡
그런 정승의 편린들이 개꿈으로 변하고 있다

돈

나는 7부 능선의 위태로운 줄타기의 달인이다
생명을 경시하며 모험을 즐기는 나
존재하지 않는 것에 대한 불감증 환자
이력을 쌓는 일에 집중하는 나
합리와 모순의 이중구조의 대변인
물질에 기생해야 사는 나
물질의 탄생과 죽음은 나의 일기장
물질의 이동속도에 따라 재빠르게 진화한 나
물질의 성장은 곧 나의 행복
정신과 물질의 경계선에서 정체성을 잃은 나
정보의 축적과 함께 주체할 수 없이 비대해진 나
양심고백과 물질의 청탁으로 혼돈의 중심에 선 나
냉정과 열정사이의 이중간첩
불행을 볼모로 한 밑천 잡은 졸부
가치의 세포분열로 아스라이 마련한 비트코인의 둥지
양의 핵분열로 파산한 나의 우직한 똘마니 보안군
불필요의 필연성에만 집착한 미필적 고의의 살인자
나는 잘 포장된 권력의 시녀, 편견과 오만의 상징
나는 가난한 사람에겐 관심이 없다

어느 아랫것의 고백

나는 용감하고 뚝심 있는 그들을 좋아합니다
그들도 나를 좋아하는지는 알 수 없습니다
하지만 많은 사람들은 이야기합니다
그들만의 자화자찬식 홍보를 희망이라 거리낌 없이 이야기하고
숨겨 놓은 슈퍼컴퓨터의 위력으로
원하는 손익계산서를 얻기 위해 불철주야 노력하는
그들은 MBA를 부전공한 뛰어난 기업가라고
국민들의 슬픔과 고통을 줄여준다는 온갖 명분으로
또 다른 고문 기구를 준비하는 사디스트라고
병을 만들고 이를 예방하기 위한 새로운 백신으로
국민들의 건강과 국부를 동시에 걱정하는 위대한 애국자라고
국가의 안전을 위해 초가삼간을 다 태우는 유능한 소방관이라고
화합과 통일을 위해 늘 노력한다고 하지만
실제는 분열과 반목을 조장하는 뛰어난 리더십의 소유자라고
그들은 발밑에 사는 것들은 보지 못하는 위에서만 사는 윗것들이라고
발밑에 사는 것들은 그래도 윗것들이 되고 싶어합니다
그래서 행복합니다 또 불행해집니다

더더더더

\- 건배사

더 착하게 살자
더 아름답게 상대를 바라보자
더 멋있게 살자
더 여백의 미를 보는 눈을 가지자
더 행복하게 살자
더 이상 행복할 수 없음을 깨닫자
더 사랑하며 살자
더 바랄 것이 없는 연인을 위하여
더 미워하며 살자
더 큰 미련의 굴레를 벗기 위해
더 성실하게 살자
더 이상 후회 없는 삶을 위해
더 순수하게 살자
더 할 나위 없는 지고지순을 위해
더 자연을 사랑하자
더 여유로운 마음을 위해
더 시를 많이 읽고 쓰자
더 갈고 닦은 청초한 삶을 위해

김밥

사랑은 주홍빛으로 물들고
정이 넘쳐나는 텃밭에 노랑나비 날아드네
순백의 마음을 펼쳐
예쁘게 단장한 어깨동무 친구들
까만 망토 걸쳐 입어 모든 보물 숨겨놓고
손을 맞잡고 나눔의 소풍가네
알록달록 속살이 드러날 때
이야기꽃 피어나고
숨어있던 행복바이러스
햇살에 퍼져나가면

개구쟁이들의 싱그러운 목소리가 우렁차다

통일 1주년을 앞둔 언론의 표정

2031년 봄이다
한 무리의 등산객이 개마고원의 야생화 트레킹을 하고 있다
낚시꾼 몇은 청천강 상류에서 루어낚시를 하고 있다
인산인해의 불자들은 두만강 하류에서 연등축제를 벌이고 있다
대동강 김일성궁전을 개조한 통일회관에서는 구름 같은 신도들이 몰려들어
연합부활절 미사와 예배드리고 있다
조간신문 통일일보 1면의 대형사진과 헤드라인 그리고 다양한 기사들이 춤춘다
금강산엔 상춘객 500만 명을 기록했다는 TV뉴스 앵커의 상기된 표정과 목소리가 싱그럽다

통일 1주년을 기념하기 위해 초연을 준비 중인 통일행진곡
이 곡을 처음으로 일반에게 공개하는 국영 제1FM방송
그 주파수를 맞추고 신의주 행 비행기에 그들이 몸을 실었다
아시아유럽특급철도를 이용하여 베를린으로 배낭여행을 떠나는 대한, 민국, 만세 세 젊은이들은 약관의 나이다
한 달 전 대한민국 특별자치구로 인정받은 만주벌판을 향해
그들을 태운 특급열차 광개토대왕호가 천리마처럼 힘차고 빠르다

누룽지

굴뚝새가 어둠을 물어오기 시작하는 이른 저녁
뒷동산에서 뛰놀던 아이들 코끝을 간질이는 밥 짓는 냄새
고된 풀 냄새에 얽혀있던 시큼한 땀내가 터벅터벅 집으로 향한다
나지막하고 옅게 드러누운 구수한 연기가 마을을 휘돌아 내려앉는다
가마솥 뚜껑이 하품을 하다 게슴츠레 실눈을 뜨기를 여러 번
드디어 옷고름을 풀어헤치고 철퍼덕 부뚜막에 앉아 속살을 드러낸다
부지런한 손놀림에 비워져가는 욕망과 마지막 남은 단단한 자존심이었다

조미되지 않은 순수함을 간직한
하얀 속살과 그을린 얼굴이 빚어내는 건강미의
화장기 없는 해맑은 미소로 모두를 무장해제 시키는
아무리 탐하여도 물리지 않는 비밀을 감춘
명문가 출신 산해진미의 본류를 머쓱하게 하는
누구하고도 잘 어울리는 오지랖 넓은
정열적인 불과 이웃하여 사는

물과 만나면 늘 훈훈한 정을 나누는
살신성인의 융숭한 대접을 잊고 사는

아낌없이 스스로를 허물어 새로운 사랑을 베푸는
출출해지는 늦은 밤 할머니의 내리사랑이 시작되는
부스러기 하나 남기지 않고 또 탐하게 되는

당신에 대한 그리움은 별빛이 되어 쌓여가고
하릴없이 소쩍새만 허전한 밤을 재촉하며 울어댄다

전운리대

대한민국을 음주공화국으로 만든 일등공신이지만
나의 치적을 나쁘게 평가하는 이들은 그리 많지 않습니다
IMF 시절 일자리 창출의 교두보 역할을 당당히 해낸 나를
어여삐 보는 사람도 그다지 많지 않습니다
음주운전의 폐해를 획기적으로 줄인 내가
노벨평화상 후보로 오르지 못함의 이유를 알지 못합니다
대리라는 직분이 평가절하 되기 시작한 것이
내 탓인가 싶어 괜스레 미안해집니다
만인의 신문고이자 인생상담가이기도 한 난
정작 나의 흉금을 털어본 적이 없는 영원한 이방인이기도 합니다
아리따운 여성의 취중진담에 간담이 서늘해지기도 합니다
말 많은 사람에겐 측은지심을 침묵으로 일관하는 이에겐 궁금증이 더해가는
나는 이율배반적 이중인격자입니다
사는 곳을 몰라 방황하는 이들을 대할 때가 가장 당황스럽습니다

주류회사로부터 판매신장에 일조한 공로로
어엿한 정규직 사원이 되는 꿈을 꾸기도 합니다
나로 인해 건강을 잃게 되었다는 억울한 누명을 쓰고
옥중생활을 하였을 때 가장 슬펐습니다
하지만 걱정과 시름을 떨치고 분연히 일어나

사랑과 우정을 태운 꿈의 동승자가 되었을 때 나는 가장 행복합니다

희로애락을 대리하여 굴곡진 삶을 역주행하는 나는

오늘도 희망의 전화를 받습니다

빛바랜 사진 한 장

첨단 디지털시대의 가장 큰 수혜자이자 피해자
나는 그래서 혼돈스럽습니다
시간과 비용을 모토로 하는 자본주의의 메커니즘
그들과 대적해 최후의 성전을 치른 용맹스러운 전사
건망증으로부터 인류를 구원한 공로에 대한 과소평가
내가 가장 이해하기 힘든 부분입니다
오늘까지도 내가 손오공의 후예라는 것을 알지 못합니다
나는 그 사실이 믿어지지 않습니다
보이는 것이 아닌 보고 싶은 것이 실현된다는 것을 아는 이도 있지요
나는 그럴 때마다 깜짝 놀라곤 합니다
추억을 소중하게 생각하는 사람들이 제일 좋습니다
왜냐하면 나를 가장 사랑하기 때문입니다
스스로는 아무 것도 할 수 없는 게으름뱅이
그런 나에게 열광하며 찬송을 보내는 이들도 있습니다
순간만을 기억하는 속성으로 많은 이들의 상상력을 부풀려 놓는 재주가 출중하지만
그로 인해 많은 비난을 받기도 합니다
빛과 어둠의 경계선에서 탄생하는 카멜레온과 같은 나의 존재는
모든 사람들에게 경이의 대상이 되기도 합니다

기술과 예술의 사생아로 업신여기던 시대를
스스로 복제하며 견뎌온 내 자신이 대견스럽습니다
나에겐 과거만 있을 뿐 현재와 미래는 존재하지 않습니다
그래서 나를 좋아하는 사람들이 늘어만 가는지도 모릅니다
사실만이 퇴적된다고 진실이 되지 않는다는 것을 알리는 것
이것이 나의 마지막 소임입니다
그래서 나는 오늘도 시간을 쪼개 찰나를 만드는 역사에 동참합니다

제사상

옛날 제사상에는
할아버지 할머니 얼굴이 있었습니다
어머니 아버지 얼굴과
형과 동생과 누나의 얼굴이 반갑게 마주하고 있었습니다

가끔 이웃집 아저씨와 아주머니들이 와서
제사상에 보초처럼 서 있었습니다
가끔은 첨보는 낯선 먼 친척들이 살갑게 다가와 앉아있기도 했습니다
이런 얼굴들이 넘치는 정과 관심이 되어 은은한 향과 잘 어울렸습니다

그러나 지금 내 증조할아버지 제사상에는 돈으로 찬조한
기름진 반찬이 가득한 초저녁 제사상에는
아들도 딸도 아내도 없습니다
모두 제삿밥을 회식처럼 퍼 넣고
노래방으로 술집으로 접대학교로 취미교실로 나간 것입니다

제사상에 귀신이 없으니
인생에 애틋한 추억거리의 퇴주그릇만이 허름한 식당의 잔반과

잘 어울립니다

- 공광규 시인의 「얼굴반찬」를 패러디하다.

만선을 꿈꾸며

- 아들 OO 군과 며느리 OO양의 결혼에 부쳐

드디어 너희들이 행복의 닻을 올리는구나
결혼이라는 배의 목적지엔 축복의 땅이 기다리고 있다
사랑과 배려의 항로만이 갈 길이다
미지의 세계를 향한 항해를 즐겨라
서로 의논하여 배의 기수를 순풍의 바다로 향해하자
아집과 독선의 태풍을 넘어야 한다
과욕과 거짓의 폭풍우를 이겨내자
서로를 변치 않는 별자리로 삼아야 한다
진솔한 믿음만이 최선의 나침반이다
후회를 과적하지 말아야 한다
치우친 미련은 침몰의 원인이 된다
보라, 곳곳에 나태라는 암초가 도사리고 있다
오만의 안개를 가벼이 여기지 말아야 한다
항상 긍정의 구명복과 감사의 구명정을 준비하거라
보람찬 미래를 직관할 수 있는 선장이 되거라
늘 여명을 감지하는 현명한 일등항해사가 되거라
칠흑 같은 어둠에서도 광명이 숨어있음을 잊지 말아야 한다
보이는 것만을 쫓지 말아야 한다
보이지 않는 것을 가벼이 하지 말아야 한다
하여 평생 동안 등대처럼 서로를 비추다 보면
마침내 만선으로 되돌아오게 될 것이다

神관료주의

그녀는 나를 돼먹지 않은 빨갱이의 자손이거나 신사대주의 일가 친척이거나
오지랖 넓은 부스러기와 같은 삶의 현장에서 보이지 않는 완장을 차고
주어진 본분을 잊은 역량미달 시민으로 치부한다
간혹 시커먼 매연을 뿜고 다니는 낡은 디젤자동차이거나
얼리아답터의 실수로 고른 작고 볼품없는 전기자동차쯤으로 여긴다
그래서 그녀는 뒤꽁무니를 흘겨보는 듯한
그야말로 세련되지 못한 사팔뜨기 눈을 늘 하고 다닌다

그것뿐만이 아니다
일자리와 수출이 잘 안되어도
치솟는 물가와 집값이 천정부지로 뛰어도
주식이 폭락하고 사교육비가 제 몸집을 불려도
출산율과 노인자살율이 세계최고가 되어도
모두가 내 탓이라며 2% 부족한 게으른 국민으로 몰래 낙인찍는다

그렇다고 그녀가 인문학에 조예가 깊은 것도 아니다
홍길동과 심청이가 바람나서 놀부를 낳았다거나
온달장군과 뺑덕어멈이 친자관계에 있다던가

자본주의의 뻔뻔함과 민주주의의 방탕함을 혼동하여
두서없고 전후관계가 없는 궤변의 달인이 된지 오래다
그녀는 우리가 왜 외환위기 때 코 묻은 돌 반지를 소주 한 잔에 털어 넣었는지
2002 월드컵 때 목 놓아 울부짖던 오! 필승 코리아!
그 굶주린 빨간색의 열정의 의미를 알지 못한다
21세기를 향한 멋들어진 의상에 한글을 입히고
국가와 세대를 꿰뚫고 지나가는 감성의 DNA를 지닌 배달의 민족임을 모른다
그녀는 여전히 20세기 구닥다리 이데올로기 곰방대를 물고
싸구려 치마폭이나 들추던 기생오라비의 사생아임을 망각하고 있다

내일은 중국 발 대륙의 실수 초미세먼지가 서풍을 타고
한반도를 뒤덮는다고 한다
그녀의 치켜 올린 눈꼬리가 또 내 뒤통수를 향할 것임에 틀림없다
살짝 뿌리고 간 황사먼지에 얼룩진 차량에 시동을 건다
싸구려 주유소에서 사은품으로 건네준 짝퉁 미세먼지마스크를 쓰고

좌회전 깜빡이가 어울릴지 우회전 깜빡이가 예쁠지
쓸데없는 고민을 하는 순간, 나에게
동네 까치가 오랜만에 똥 세례를 하고 간다

- 정겸의 「공무원」을 패러디하다

청소하다

오랜만에 방청소를 한다
곳곳에 숨어있던 쓰레기와 숨바꼭질 중이다
오래 전 잃어버린 추억을 책갈피에서 찾고
애쓰며 떠올리려 했던 기억은 책상서랍 아래 널브러져 있다
낯설고 신기한 문명으로부터 버림받은 어수룩한 퇴물들

게으름으로 미라가 된 먼지
욕심으로 자리 잡은 무생물의 무덤
허영심으로 타락한 정보의 헤픈 웃음
무관심으로 위장한 정돈의 희생양
소홀함으로 마주한 억울한 주검들

추락하는 쓰레기를 바라다본다
나를 채우고 있던 또 다른 허물이었다

추억

행복을 숙성시키는 아름다운 당신
불행을 미화시키는 탁월한 마술사
험한 망각의 바다를 건너
삭막한 오늘을 살찌우러 온 당신
존재하지 않는 당신의 그림자
지우고 싶은 과거의 흔적까지도
새로운 의미로 다시 태어나는 당신

신융합시대에 걸맞은
당신의 존재를 사랑합니다

텃밭의 기도

주여, 생명의 날갯짓에 희망의 순풍을 불어주소서
따사로운 햇빛으로 사랑의 새순을 돋게 해주시고
촉촉한 비로 향긋한 꽃을 피워내게 하소서

주여, 대지를 품을 수 있는 그릇을 가늠케 하소서
생명의 탄생과 성장의 나이테를 가슴에 새겨주시고
인내와 교감을 대자연에 내려주소서

주여, 작지만 나눔을 실천하게 하소서
그저 부지런한 귀퉁이가 되게 하여 주시고
늘 열매를 품은 터전이 있음을 깨닫게 하소서

작품해설

자연과 현실을 조합한 독특한 무늬들

- 마 경 덕(시인) -

작품해설

자연과 현실을 조합한 독특한 무늬들

마 경 덕(시인)

떨어지는 우유 한 방울 속에 놀라운 "숨은 그림"이 있었다. 서울우유 광고에서 보았던 "왕관 모양"의 우유방울은 100만 분의 1초에 촬영한 혁신적인 초고속 카메라 덕분이었다. 육안으로 볼 수 없었던 특정현상을 느린 장면으로 재현해보면 우유방울이 둥글게 튀어 오르는 것이 드러난다. 광속카메라 촬영의 기술혁명으로 "Bullet through Apple"이라는 사진작품에서도 "총알이 사과를 뚫고 나가는" 그 찰나를 생생하게 볼 수 있다. 총알의 속도는 소리보다 빨라 사람의 눈으로는 볼 수 없지만 분명히 존재했던 "순간을 포착"한 것이다.

사물을 감싸고 있는 허공속의 먼지와 빛의 입자 등 내부의 작은 요소에 주목하는 김진희 설치예술가는 공중에 부유하던 먼지가 마침내 비행을 마치며 자신의 소매 위에 고요히 내려앉는 순간, 놀랍게도 그 작디작은 먼지의 무게감과 압력을 느낄 수 있었다고 한다. 이 먼지와의 만남을 계기로 미처 의식하지 못한 존재를 찾아 자신이 경험한 전율감(戰慄感)을 다른 형태로 불러일으킬 작업을 시도한다.

시인 역시 "사물을 작은 단위로 분해하는" 전문가이다. 한계와 무기력을 넘을 수 있는 힘은 시인이 지닌 "열정"일 것이다. 미시적 세계까지 진입해서 "제2의 눈"으로 초당 수천 프레임의 화면을 촬영하고 빈 가지에 숨어있는 봄의 설렘과 남아있는 겨울의 무게까지 달아봐야한다. 잠재된 의식의 밑바닥까지 탐색하는 시 쓰기는 사물이 지닌 본질, 원형적 가치를 추구하는 일이기에 "간절하지 않은" 사람들에게 "간절함을 전하거나" 견딜 수 없는 간절함에서 "벗어나기 위해 더욱 간절해지는" 작업이다. 심연의 깊은 곳에서 발굴된 박제된 시간은 시인의 뜨거운 호흡으로 맥이 뛰고 현재의 세계와 연동(連動)되어 꿈틀거린다. 이때 과거와 현재를 넘나들며 재구성된 경험은 "여러 갈래의 작품"으로 파생된다.

문학은 자신의 "상처와 내적 갈등"을 드러내며 어둠의 면면을 고백하는 일이어서 불안한 시대적 배경과 맞서며 가혹을 감당하던 그 힘은 문학사에 명작을 낳기도 한다. "역사란 과거와 현재의 끊임없는 소통"이라고 한 영국의 역사학자 에드워드 핼릿 카(Edward Hallett Carr)는 역사란 변하지 않는 사실이 아니라 언제나 재해석되는 것이라고 하였다. 시인 역시 불행한 과거가 재해석될 수 있다는 사실에 안도한다. 이상과 현실의 간극, 상대적 박탈감과 상실감 등 글쓰기에서 패자의 슬픔은 여러 가지 가능성을 제공하는 좋은 거름이기 때문이다.

신명수 시인의 작품은 자연과 현실을 조합한 독특한 현상을 드러낸다. 자연과 인간의 삶을 씨줄과 날줄로 조밀하게 엮어 현실의 이면을 들추어낸다. 자연의 이미지를 묘사하는 것에 그치지 않고 자연 속으로 삶을 끌어와 주변에 산재(散齋)한 문제들을 감각할 수 있도록 일깨워준다. 또한 이 시대의 문제점이나 우리의 삶을 구성한 실체들을 예리한 시선으로 탐색한다. 서정이 깃든 보드라운 결인가 싶다가도 문득 '리넨'처럼 거친 결을 느낄 수 있는 "입체적 질감"도 문장의 힘으로 작용한다. 신명수 시인은 자신만의 독특한 필체로 복합적인 무늬를 만들어간다.

따사로운 바람이 머물던 어느 봄날
무리지어 쑥쑥 자라던 명아주
봄볕에 꾸벅꾸벅 졸고 있던 민들레
영산홍 그늘에 낮잠 자던 달래
형제들을 잃고 조울증에 걸린 곰취
창백한 얼굴로 담벼락에 붙어 떨고 있는 냉이
해만 떠도 또 뜯어갈까 무서워 덜덜 떤다

웰빙이란 이유로 무고한 생명을 함부로 하였는지
애꿎은 들풀만 괴롭히진 않았는지
풀은 스스로 잡초와 식용의 경계를 가르지 않는다
호미 옆에 슬며시 목장갑을 벗어놓는다

―「웰빙이란 이름의 폭력성」 전문

세상을 구성하는 개체(個體)들은 모두 각각의 특성을 지니고 있다. 그 식별성(識別性)으로 종(種)은 분리가 된다. 식물과 인간의 관계는 피식자와 포식자의 관계를 맺고 있다. 피식자는 건강식이라는 본래의 기능대로 포식자인 사람에게 먹혀야하는 것이다. 시인은 어느 날 웰빙을 이유로 행해지는 자신의 행동에서 폭력성을 발견하고 그 당연함에 질문을 던진다. 들에 절로 나는 명아주, 민들레, 달래, 곰취, 냉이도 식용나물이라는 이름으로 칼날에 베어진다. 인간이 개입하지 않았다면 그들만의 평화로운 장소에서 봄볕에 꾸벅꾸벅 졸거나 꽃그늘에 낮잠이나 자고 있을 것들이다. 자신의 뜻과 상관없이 베어지고 뽑혀지는 것들은 언제나 폭력과 불안에 노출되어 있다.

고려대 환경생태공학부 강병화 교수는 17년간 전국을 돌며 45,000여 종의 야생 들풀의 씨앗을 채집하고 혼자의 노력으로 종자은행을 세웠다. 그의 경험에 의하면 이 세상에 잡초는 존재하지 않는다고 했다. 밀밭에 '벼'가 나면 그게 바로 잡초이고 보리밭에 '밀'이 나면 그 역시 잡초라고 하였다. 산삼이라 해도 엉뚱한 곳에 나면 잡초가 된다는 것이다. 하찮고 작은 것들이 모여 큰 세상을 이루듯이 그 사소한 것들도 결코 사소하지 않다. "풀은 스스로 잡초와 식용의 경계를 가르지 않는다"에서 알 수 있듯이 구분지어 경계를 가르는 것은 인간들이다. 연을 맺고 당을 짓고 파(派)를 나누며 살아가는 인간에게는 수많은 경계가 있고 효용가치에 따라 등급이 부여된다. 그러나 목숨 앞에는 "높낮음도 귀천도 없다"는 것을 깨달은 시인은 당연한 것에 길들여진 호미 옆에 슬며시 목장갑을 벗어놓는다.

부지런한 산수유가 양지바른 산허리에 자리 잡는다
다소곳한 진달래는 눈에 잘 띄는 등산로 가까운 곳에 머문다
명랑한 개나리는 도로가 인접한 언덕에 정착한다

이상기온으로 머물 시간이 혼란스럽고
잠시 머물다갈 곳이 방황하기 시작한다
의연한 그들은 흔들리지 않고 우왕좌왕하는 봄을 지켜준다
그들을 지켜보는 한 무리의 미소와 무심히 지나치던 무거운 근심
쉽사리 오지 않는 봄은 애꿎은 미세먼지 탓이라 울상이다
욕심이 폭등하고 자존심이 껑충거린다
스스로 자연을 거스른 비굴한 양심이 초조하다
무소유에 대한 깊은 상처와 가진 것에 대한 자부심을 잃은 패잔병
정착하지 못하는 신유목민의 발목을 잡은 전쟁터의 봄바람이 매섭다

—「전세대란」 전문

봄이 오면 벌어지는 전세대란은 해마다 고정된 봄의 프로세스(Process)이다. 봄의 이미지가 도시를 관통하고 있다. 매섭던 겨울도 어디론가 이동하고 봄은 제자리를 찾아 터를 잡는다. 이때쯤 대륙을 건너온 사막의 모래바람마저 국경을 넘어 타국의 하늘을 부옇게 점령한다. 초지를 찾아가는 누 떼처럼 악어가 득실거리는 강을 생사를 걸고 건너야하는 도시의 신유목민들, 봄이 오면 거센 급물살이 밀려온다. 자본주의 사회에서 살아갈 힘은 자산(資産)이다. 형편에 따라 주거(住居)를 정하려고 도시를 떠도는 신유목민들은 전세대란에 휘말려 이삿짐을 꾸린다. 어떤 이는 볕이 바른 산허리 양지에, 어떤 이는 도로가 인접한 매연과 소음이 많은 곳에 터를 잡는다. 맞닥뜨린 이상기온에 혼란스러운 사람들이 머물 곳을 찾아가는 모습이 마치 난리를 피해가는 피난민 행렬이다. 이 광경은 해마다 반복되고 가난한 이들은 시대의 흐름을 거스르지 못하고 점

점 변두리로 떠밀려간다.

시인은 꽃이 피는 시기, 특징, 서식처 등으로 인간이 살아가는 각양각색의 모습을 그리고 있다. 「전세대란」은 하늘로 치솟는 집값으로 인해 위태함과 불안을 안고 이사를 해야 하는 소시민의 아픔을 자연과 접목한 작품이다. 황사와 맵찬 꽃샘바람에 꽃잎도 서둘러 얼룩이 진다. 봄도 함께 몸살을 앓으며 대란을 치른다. 어느 작가는 "세상이란 아득한 환상과 현실이 끊임없이 부딪치고 교차하는 곳"이라고 하였다. 신명수 시인은 "냉혹한 현실"과 봄이라는 "환상의 경계"에서 꿈을 꾸며 살아가는 인간의 양가적 감정을 "자연의 질서"를 통해 보여주고 있다. 아래 예시한 「잡초의 꿈」도 치열한 자연의 질서를 잘 드러낸 작품이다.

> 정원에 숨어든 씀바귀는 시한부 생명에 의지한다
> 텃밭에 겁도 없이 침범해 일가족이 도륙당한 명아주
> 뻐대 있는 상추가 이사 오자 유기된 강아지풀
> 가을까지 귀퉁이에 구금된 채 사육 당하는 쑥
> 환대 받다가 토사구팽 당하는 냉이
> 인해전술로 겁을 주다 독극물로 몰살당하는 쇠뜨기
>
> 손도 눈도 안 가는 귀퉁이에 터를 잡은 쇠비름이 웃는다
> 폭풍우를 뚫고 올곧게 서 있는 민들레꽃
> 모두들 죽은 척 하다가 박수를 치며 일어선다
> 비로소 초여름 풍경이 완성된다

— 「잡초의 꿈」 전문

식물들은 나름의 "생존방식"이 있다. 벼를 꼭 닮은 피가 벼와 섞여 논에서 자라듯이 콩밭엔 콩잎 닮은 풀이 나고 옥수수밭에 옥수수 닮은 풀이 자란다. 모두 살아남기 위한 자구책이다. 동물에게 잘 뜯어 먹히지 않고 밟혀도 살아남기 위해 땅에 닿을 듯 잎을 펼치는 '로제트현상'은 봄동과 질경이, 냉이, 민들레에게서 흔히 볼 수 있다. 이런 식물들은 땅속줄기나 뿌리에서 잎이 나와 마치 땅에서 잎이 나온 것처럼 보인다. 보통 1㎡의 밭에 7만5천개의 풀씨가 잠자고 있는데 물과 온도가 적합해도 햇빛을 못 보면 싹을 틔우지 않고 땅속에서 10년~20년을 기다린다고 하니 잡초의 끈질긴 생명력을 알 수가 있다. 한해 밖에 살지 못하는 잡초의 꿈은 무엇보다 "번식"이다. 이 작고 하찮은 것들에게 신이 내린 축복은 씨주머니에 가득 찬 씨앗일 것이다.

다르다는 이유로, 제자리가 아니라는 이유로 사정없이 뽑혀야하는 단명(短命)의 잡초들, 정원에 숨어든 씀바귀는 시한부 목숨이다. 텃밭을 침입한 명아주도 일가족이 도륙을 당했다. 쓸모가 있는 쑥은 가을까지 구금되어 사육을 당하다 베어진다. 인해전술로 밀고 들어온 불청객 쇠뜨기도 제초제에 몰살이다. 손도 눈도 안 가는 귀퉁이에 터를 잡은 쇠비름은 무사했다. 잡초는 인간의 손길이 닿지 않는 곳이 적소(適所)이다. 산과 들에 맨 먼저 봄을 알리는 것들은 잡초들이다. 길가에 죽은 척 엎드린 민들레도 봄이 오면 허리를 펴고 비로소 초여름 풍경이 완성된다. 하찮고 작은 것들이 모여 세상은 이루어진다. 이렇듯 이 세상의 주체들은 일부 특권층이 아닌 소시민일 것이다.

그는 늘 대청너머 뒤뜰에 쪼그리고 있었다
앵두나무 가지 숲에 숨어있을 때보다는
숨이 턱에 차오르는 한여름 호박꽃 너머에서 쉽게 눈에 띄던 그였다
봉숭아꽃 핀 앞마당 가에서 모진 풍파의 세월을 견뎌낸
주름진 손등 위에 수줍게 앉아있던 그였다
사랑을 위해 주저 없이 흙밭에 굴러도 있어야 할 자리에 있을 뿐
아무런 불평 없이 제 몸을 더럽혔다
오늘은 그가 스스로 몸을 정갈히 하고
구석진 반닫이 속에서 내일의 희망을 꿈꾸며 잠들어 있다
다시 더럽혀질 몸일지언정 아름다운 꽃밭에서 다시 깨어나기를 바란다
따가운 가을햇빛이 마른 대지에 꽂히기 시작하던 어느 날
이제는 반닫이만큼 늙어버린 그가 커다란 토란잎에 숨어 꾸벅꾸벅 졸고 있다

—「반닫이 속의 목장갑」 전문

목장갑은 "노동"을 상징한다. 반닫이만큼 늙어버린 주름진 손등을 덮어주던 그였다. 그저 흙이 묻은 단순한 목장갑일 뿐인데 고요한 목소리로 이토록 아름다운 시를 쓸 수 있다니, 시의 힘이 얼마나 대단한지 새삼 깨닫는다. 시의 체온은 시인이 지닌 열정만큼 뜨거운 것, 독자의 가슴에 아름다운 전율을 선사할 힘이 시 전체에 배어있다고 해도 지나친 말이 아니다.

"그는 늘 대청너머 뒤뜰에 쪼그리고 있었다 / 앵두나무 가지 숲에 숨어 있을 때보다는 / 숨이 턱에 차오르는 한여름 호박꽃 너머에서 쉽게 눈에 띄던 그였다 / 봉숭아꽃 핀 앞마당 가에서 모진 풍파의 세월을 견뎌낸 / 주름진 손등 위에 수줍게 앉아 있던 그였다"

에서 보여주는 장소는 목장갑의 주인인 농부의 일상이며 하루를 보낸 동선(動線)이다. 그 대상이 노동으로 인해 변해가는 모습과 반닫이의 관계는 함께 살아낸 시간을 유기적으로 이어준다. 목장갑은 쓰다가 버리는 흔한 장갑이지만 함께한 시간은 소중한 기억으로 자리 잡았다. 아무런 불평 없이 몸을 더럽힌 장갑은 이제 정갈히 구석진 반닫이 속에 잠들어있다. 반닫이를 나와 숨이 턱에 차오르는 한여름 호박 밭이 아닌 아름다운 꽃밭에서 다시 깨어나기를 바란다고 했다. 어느 날 따가운 가을햇빛에 반닫이만큼 늙어버린 장갑의 주인은 커다란 토란잎에 숨어 꾸벅꾸벅 졸고 있다. 여전히 "노동의 현장"이다. 꽃밭에서 만나야할 낡은 장갑은 어디로 갔을까. 「반닫이 속의 목장갑」은 시간의 흐름과 자연의 질서 속에 "순응하며 소멸해가는" 인간의 모습이다. 땀 흘린 보람, 그리고 결실, 서서히 소멸해가는 것들의 소중함을 조명한 「반닫이 속의 목장갑」은 보기 드문 수작(秀作)이다.

멀리 날아가고 싶었을 게다
솔개보다 높이 날아오르고 싶었을 게다
한 줄 실오라기에 목숨을 걸고 사느니
차라리 줄 끊어진 연이 되고 싶었을 게다
연을 끊으려는 연과
연만 이어가려 하는 또 하나의 연
연적이 되어 붉은 손사래를 친다
심연에 간직했던 꿈의 한 조각
새파란 하늘 위에 띄워 놓고

가슴 한편에 널브러진 상념들 구름꽃으로 피어난다
마냥 너그럽기만 하던 무채색의 바람이 심술을 부리기 시작한다
두려움과 희망의 실타래를 엮어 이어주던 위태로운 연의 연줄
미래와 과거를 마주보고 있는 현재
늘 그랬듯이 설렘은 끊어지고
미련만이 얼레에 감겨있다

—「연연하다」 전문

연(鳶)과 바람이 맞물리는 지점은 까마득한 하늘이며 "현실과 환상"이 펼쳐지는 곳이다. 얼레를 벗어난 줄 알았던 연은 한 오라기의 연줄에 물려있다. 연이 헤엄을 치는 공중과 얼레까지의 거리가 "인연의 끈"이다. 끈이 끊어지는 순간 연(緣)도 끊긴다. 심연의 꿈 한 조각 새파란 하늘 위에 띄워 놓고 미래를 향해 날아보지만 설렘은 끊어지고 미련만이 얼레에 감긴다. 이때 심리적 거리감은 현실로 고스란히 되돌아온다. 솔개보다 높이 날고 싶은 꿈도 바람이 없으면 날지 못하고 너무 센바람은 견디지 못한다. 느슨하면 가라앉고 바투 당기면 끊어지는 연, 감거나 풀어주며 적당한 거리를 유지해야하는 연날리기란 마치 밀고 당기며 살아가는 사람들의 관계와 같지 않은가. 동음이의어 연(鳶)과 연(緣), 공중에 날리는 연(鳶)과 사람들 사이에 맺어지는 관계를 이르는 연(緣)이 재미있게 읽힌다. 하늘과 땅으로 분리되는 이중적 구조에서 놀이기구인 연 하나로 하늘과 땅은 이어지고 둘의 관계는 하나로 공간으로 완성된다. 시인은 지상과 하늘 사이에 연 하나를 띄우고 밀고 당기는 한 판 게임을 "인간의 관계"로 환치하고 있다.

믿음을 믿지 아니한 적이 없는 나는 환자다
주말에만 재발하는 특발성가슴앓이 환자다
믿지 아니하면 아픔을 증명할 도리가 없음에
나를 빼고 모두를 믿게 하여야 구원 받는 서글픈 환자다
자신의 안녕과 번영을 위해 믿음을 구걸하여 쌓아온 두텁고 높은 벽
이는 세상으로부터 고립된 또 하나의 정신병동이다
고달픈 삶을 위로 받기 위한 무거운 발걸음이 주말을 향한다
화려한 불금의 밤하늘에서 쏟아지는 십자가 네온사인
잰 발걸음으로 흔들리는 불빛을 좇는다
너무도 멀리 와 있는 나의 뒷모습이 애처롭다
신이 나에게 내린 저주는 지나친 꾀병의 연기력
그리고 이를 눈감아 주는 돌팔이의사의 지나친 관용과 친절뿐

믿는 자도 환자이고 믿지 않는 자도 환자인데
믿지 않는 자는 통증을 못 느끼고
믿는 자는 통증을 더욱 깊이 느끼지만 그래도 나는 믿는다
세상을 구원하는 것은 환자의 믿음밖에 없음을

— 「환자의 고백」 전문

병들고 늙어 끝내 죽어야하는 사람은 불완전한 존재이다. 성경에 보면 "죄의 삯은 사망"이라고 하였다. 예수는 "수고하고 무거운 짐 진 자들아 다 내게로 오라"고 하였다. 인간은 조상이 지은 원죄로 인해 평생 무거운 짐을 지고 살아가야하는 죄인이기 때문이다. 믿음은 말 그대로 의심 없이 믿는다는 것이다. 입으로는 믿는다고 하면서도 주말에만 재발하는 특발성가슴앓이 환자들은 필요에 따

라 교회를 이용하는 자들이다. 이들은 구원의 소망보다는 "믿음을 구걸"해서 자신의 안녕과 번영을 위해 높은 벽을 쌓는다. 십자가를 외면하고 화려한 불금의 밤하늘에서 쏟아지는 환락을 향해 잰 걸음으로 불빛을 좇는다. 신이 내린 저주는 지나친 꾀병의 연기력이다. 세상의 환락은 돌팔이의사가 되어 이를 눈감아 주며 관용을 베푼다. 거짓된 세상은 또 하나의 거대한 정신병동이다. 통증을 느끼지 못한 자들은 쾌락에 길들여져 죄를 의식하지 못한 사람들이며 반면에 불의와 불법에 민감한 양심은 통증을 깊이 느낄 수밖에 없다. 시적 화자인 시인은 "스스로 꾀병을 앓는" 환자임을 인정하며 세상을 구원하는 것은 "환자의 믿음밖에" 없음을 고백한다. 마음속에 감춘 것을 숨김없이 말하는 고백은 회개의 시작이다. 잘못을 깨닫고 반성하는 행위는 기독교 신앙생활에 필요한 요건의 하나이다. 구원은 개인의 믿음대로 정해지기에 세상의 배경이나 지위, 권력 따위는 아무 소용이 없기 때문이다. 믿는 자와 믿지 않는 자가 구별이 되지 않는 세상, 부귀와 권력을 탐하는 타락한 종교지도자들, 눈이 멀어 그 권력에 추종하는 영혼이 병든 신도들, 유혹은 곳곳에서 손을 잡아끈다. 대부분 통증이 없으니 그 병듦조차 모르고 진리로부터 고립된 또 하나의 정신병동에 갇혀 살아간다. 「환자의 고백」은 "물질과 정신의 경계"를 넘나드는 상황을 연출하며 신실한 믿음을 저버리고 영육(靈肉)이 병들어가는 "모순된 신앙"을 보여주고 있다.

첨단 디지털시대의 가장 큰 수혜자이자 피해자

나는 그래서 혼돈스럽습니다
시간과 비용을 모토로 하는 자본주의의 메커니즘
그들과 대적해 최후의 성전을 치른 용맹스러운 전사
건망증으로부터 인류를 구원한 공로에 대한 과소평가
내가 가장 이해하기 힘든 부분입니다
오늘까지도 내가 손오공의 후예라는 것을 알지 못합니다
나는 그 사실이 믿어지지 않습니다
보이는 것이 아닌 보고 싶은 것이 실현된다는 것을 아는 이도 있지요
나는 그럴 때마다 깜짝 놀라곤 합니다
추억을 소중하게 생각하는 사람들이 제일 좋습니다
왜냐하면 나를 가장 사랑하기 때문입니다
스스로는 아무 것도 할 수 없는 게으름뱅이
그런 나에게 열광하며 찬송을 보내는 이들도 있습니다
순간만을 기억하는 속성으로 많은 이들의 상상력을 부풀려 놓는 재주가 출중하지만
그로 인해 많은 비난을 받기도 합니다
빛과 어둠의 경계선에서 탄생하는 카멜레온과 같은 나의 존재는
모든 사람들에게 경이의 대상이 되기도 합니다

기술과 예술의 사생아로 업신여기던 시대를
스스로 복제하며 견뎌온 내 자신이 대견스럽습니다
나에겐 과거만 있을 뿐 현재와 미래는 존재하지 않습니다
그래서 나를 좋아하는 사람들이 늘어만 가는지도 모릅니다
사실만이 퇴적된다고 진실이 되지 않는다는 것을 알리는 것
이것이 나의 마지막 소임입니다
그래서 나는 오늘도 시간을 쪼개 찰나를 만드는 역사에 동참합니다

— 「빛바랜 사진 한 장」 전문

흑백사진에는 "역사의 흐름"이 있다. 오래전 카메라가 포착한 찰나가 그 속에서 숨 쉬고 있다. 내용은 삶을 구성한 실체이기에 노출된 풍경들로 시대의 개연성을 유추할 수 있다. 어느 봄날 가마를 타고 가는 신부의 설렘이 찍혀있고 갓을 쓴 흰 두루마기 노인들의 헛기침이 들린다. 똬리를 얹고 물동이를 이고 가는 여인과 시끌벅적한 장터의 모습, 아이에게 젖을 물리는 아낙의 사진에는 갓 잡아 올린 생선처럼 싱싱한 "삶의 비늘"이 반짝거린다. 꽃상여를 메고 가는 상여꾼의 행렬에는 애달픈 요령소리가 들리고 제기를 차는 아이들과 댕기를 펄럭이며 널뛰는 처녀들 사진에는 까르르 웃음소리가 선명하다. 구한말의 평화로운 모습을 보면 그 풍경 속으로 들어가 거닐고 싶어진다. 사진이란 화가가 그린 풍속도처럼 그 시대의 풍습과 살아가는 모습을 풍경으로 기록하고 있다. 평면인 인화지 한 장 속에 소리까지 깃들어 있는 것이다. 일제 강점기의 잔혹함, 전쟁통에 팔다리가 잘린 상이용사, 지게꾼들, 깡통을 들고 구걸하는 아이들, 피폐해진 시대상(時代相)을 한눈에 볼 수가 있으니 정직한 역사의 기록장이다.

1인 미디어 시대, 세상은 빠르게 흘러가고 한때의 명성도 진화(進化)된 문명에 빛이 바래 뒤안길로 밀려난다. 흑백의 시간은 칼라로 바뀌고 아날로그 시대에서 디지털 시대로 발전했다. "첨단 디지털시대의 가장 큰 수혜자이자 피해자 / 나는 그래서 혼돈스럽습니다 / 시간과 비용을 모토로 하는 자본주의의 메커니즘 / 그들과 대적해 최후의 성전을 치른 용맹스러운 전사 / 건망증으로부터 인류를 구원한 공로에 대한 과소평가 / 내가 가장 이해하기 힘든 부분입니다"에서 볼 수 있듯이 시적 화자는 흑백사진이다. 빛이 바랜 사진은 시간을 "증명하는 흔적"이며 자본주의의 메커니즘에 대적한 "최후의 전사"이지만 두툼한 앨범 속에 갇혀 점점 잊히고 있다. 사진 속 과거의 정지된 풍경들은 단숨에 시간을 거슬러 오르는 마술과 상상력을 부풀려 놓는다. 그러나 옛 명성에 잡혀 바뀌어버린 현실을 인정한다는 것, 자리를 내놓고 한발 물러서는 일은 쉽지 않다. 아직도 추억을 사랑하는 사람들이 남아있기에 빛과 어둠의 경계선에서 흑백사진은 다시 태어난다. 카메라의 기술이 향상되고 화려한 영상에 지친 눈들이 흑백의 단아함이나 단순함을 그리워하는지도 모른다. 사진작가들이 포착한 흑백의 시간을 보고 있으면 칼라사진에서 느끼지 못한 격조 높은 작품성이 느껴지기도 한다. 사진의 소임은 진실을 왜곡하지 않기 위해 "시간을 쪼개 찰나를 만드는" 역사에 동참하는 것이다. 사진 한 장을 확장시켜 총체적인 현상으로 다양한 상상을 이끌어내는 「빛바랜 사진 한 장」은 낡은 사진이 직접 퍼포머(performer)가 되어 이야기를 이끌어간다. 사회적 시선과 연결된 「보청기의 기도」에서도 이와 같은 유사성을 볼 수가 있다.

어머니의 아름다운 목소리를 들려주세요

경박하고 저속한 소음은 줄여주세요
칭찬과 격려의 소리는 올려주세요
음해와 비방의 잡음은 줄여주세요
상쾌한 아침의 새소리는 크게 올려주세요
출근길에 쏟아지는 서두름의 경적소리는 줄여주세요
사랑과 믿음의 소리는 크게 올려주세요

증오와 불신의 소음은 더욱 작게 줄여주세요
충고와 조언의 소리는 높여 주시고
아집과 독선의 소음은 줄여 주세요
이른 봄 꿈틀대는 봄의 소리는 크게 들려주시고
나른한 춘곤증은 줄여주세요
밤새 예쁘게 눈 내리는 소리는 크게 들려주시고
심야의 하수구 내려가는 소음은 줄여주소서

이 세상의 모든 소리와 소음이 균형을 맞추어
평화와 행복으로 증폭되게 하소서

— 「보청기의 기도」 전문

필요 없는 배경의 초점을 날려버리고 초점이 맞춰진 피사체'만' 강조하는 '아웃포커싱'이란 사진기법이 있다. 이처럼 좋은 소리만 골라들을 수는 없는 것일까. 현대인들은 소리에 노출되어 살아간다. 아파트 층간소음으로 시작된 이웃 간의 불화는 크고 작은 사건으로 이어지기도 한다. 공사장에서 쏟아지는 굉음이나 긴박한 상황을 알리는 경고음, 자동차의 경적, 전철 안에서 떠드는 소리에도 스트레스가 쌓인다. 아름다운 악기도 제대로 연주하지 못하면 역시 소음이다. 예민한 청각은 호불호(好不好)가 있어 돌돌돌 흐르는 개울 물소리, 철썩거리는 파도소리, 청량한 새소리처럼 자연의 소리에는 관대하다. 자연이 주는 "백색소음"은 귀에 맞는 편안한 소리이다. 하지만 이 소리도 청력이 약한 사람에게는 잘 들리지 않는다. 소형 마이크를 이용하여 소리를 증폭하는 보청기는 주로 청력에 장애를 가진 노인들의 애장품이다. 소리를 전달하는 보청기도 경박하고 저속한 소음보다는 "어머니의 목소리" 같은 아름다운 소리를 듣고 싶어 한다. 음해와 비방은 잡음이며 칭찬과 격려는 소리라고 하였다. 음흉한 방법으로 남에게 해를 가하거나 비웃고 헐뜯는 비방, 이해가 불가한 "삶의 기호들"은 이미 소리에서 벗어난 잡음일 뿐이다.

기도는 인간보다 능력이 뛰어난 절대적 존재에게 소원을 의뢰하는 의식이다. 인간의 한계를 넘어버린 사회적 고민, 갈등과 불화 등, 인간의 힘으로는 알 수 없는 불명확하고 유동적인 사건과 대면했을 때 기도만큼 좋은 위로가 또 있을까. 기도는 불가능을 가능하게 하는 힘이기도 하다.

신명수 시인은 보청기라는 알레고리 안에 가짜뉴스가 판을 치고 거짓이 진실이 되는 부정과 긍정으로 둘러싸인 어지러운 사회의 단면을 총괄적으로 보여주며 인간이 지향하는 방향을 도출(導出)하고 있다.

대폭발을 통해 새로운 우주를 탄생하여 생명을 창조하는 그녀
겨울이 잠시 한눈을 팔기라도 하면
따사로운 햇살 아래 노란색 저고리로 갈아입는 수줍은 처녀
서릿발 치마폭에 몸을 숨기다
어느 순간 만삭의 몸으로 세상을 놀래킨다
겨우내 푸른 기운을 잃지 않기 위해 그녀는 가장 낮은 자세로 임한다
완벽함을 추구하는 그녀는
절대원형만을 고집하는 편집증 환자이다

세월을 달리는 그녀의 체력은 임계점이 없는 무한열차와 같다
화려함보다 초정밀의 아름다움과 신비로움을 잉태하여
햇빛과 바람에 두둥실 띄어 보내 봄을 맞는 만물을 깨운다

민들레, 오늘 그녀는 빅뱅 중이다

—「빅뱅」 전문

「빅뱅」은 객관적상관물을 사용하여 흩어지는 꽃씨의 비행을 우주로까지 확장시킨 상상력이 돋보이는 작품이다. 블랙홀과 함께 천문학과 물리학계에 끊임없이 등장하는 빅뱅(Big Bang), '뱅'은 우리말로 '꽝'에 해당되는 의성어이다. 즉, 빅뱅은 대폭발을 뜻한다. 태초의 우주는 어떤 모습이었을까. 밀도도 크고 뜨거운 그 상태에서 폭발하여 팽창우주가 되었다는 것이 현대 우주론의 정설이다. 우주에 헬륨이 수소의 1/3 가량이나 존재한다는 사실은 태초가 엄청난 고온에서 시작됐다는 증거라고 한다. 이번에는 신명수 시인이 바라본 "빅뱅"으로 들어가 보자. "완벽함을 추구하는 그녀는 / 절대원형만을 고집하는 편집증 환자이다 / 세월을 달리는 그녀의 체력은 임계점이 없는 무한열차와 같다"고 한다. 이쯤에서도 그녀가 누구인지 예측할 수 없다. 알고 보니 초정밀의 아름다움과 신비로움을 잉태하여 햇빛과 바람에 두둥실 띄어 보내 만물을 깨우는 그녀는 하얗게 센 민들레였다. 시인은 바람결에 흩어지는 민들레 속씨들을 보고 "빅뱅"을 생각했을 것이다. 우주가 가진 '암흑 에너지(dark energy)'는 우주팽창을 가속시켜, 마치 아인슈타인의 우주 척력이 작용하는 것처럼 우주를 만든다고 한다. 하늘로 던져진

돌이 다시 땅으로 떨어지든지, 아니면 지구 바깥으로 떨어지든지 이는 그 돌이 지닌 힘과 속도에 달린 것처럼 민들레 역시 바람의 속도와 방향에 의지할 뿐이다. 원하는 곳이 아닌 불모의 땅에 불시착한 꽃씨들도 많지만 민들레는 임계점이 없는 무한열차와 같다고 하니 한 포기의 민들레도 숱한 씨를 날려 봄이 오면 주변을 온통 노란 꽃밭으로 만들 것이다. 이것이 민들레가 가진 놀라운 에너지이다. 가히 "빅뱅"이 아닌가.

신명수 시인은 이처럼 자연을 유기적으로 접목해 자신만의 시세계를 구축한다. 시집의 제목 『혜원을 꿈꾸다』는 신명수 시인이 지향하는 시의 지류(支流)가 남다르다는 느낌을 갖게 한다. 조선시대 풍속화가 혜원 신윤복, 그의 아버지 신한평은 당대 최고의 화원들만이 그릴 수 있는 왕의 얼굴을 세 차례나 그린 유명 화가였다. 당시에 김홍도는 서민들의 자연스럽고 소탈한 모습을 그렸지만, 화원 집안의 가풍 속에서 그림을 접한 신윤복은 틀에 박힌 도화서 화원의 길을 따르지 않고 기존의 틀에서 벗어나 남성 위주의 조선사회에서 천한 신분으로 무시당했던 기생들을 주인공으로 삼았다. 특히 여성과 일상이라는 소재로 여인들의 삶을 관찰하고, 옷매무새, 몸짓, 감정이나 표정까지 섬세하게 그려냈다. 주로 기녀(妓女)나 한량, 풍류를 즐기는 양반들, 하급 관료들을 등장시켜 음지에 가려졌던 조선 후기 풍속사를 그려낸 것이다. 조선 후기의 사회가 차츰 변화되는 과도기(過渡期)에서 이런 풍속도를 그릴 수 있었지만 당시 사회 분위기에 비해 파격적인 그림을 그렸던 신윤복은 결국 도화서에서 쫓겨났다. 그 후 자신만의 독특한 스타일로 그림을 그릴 수 있었을 것이다. 신윤복은 세상의 틀에 매이지 않는 자유로운 영혼의 예술가였다. 신명수 시인 역시 아름다운 세상을 꿈꾸던 신윤복처럼 "칠흑 같은 어둠을 뚫고 내일로 가는 것은 오늘을 살아가는 스스로의 용기일 뿐"이라고 한다. 시인에게 모험은 "신선한 도전"이다. "자연의 질서와 인간의 삶을 접목"해 나가는 시인의 행보가 힘차게 느껴지는 것도 그 때문일 것이다.

이 도서의 국립중앙도서관 출판예정도서목록(CIP)은 서지정보유통지원시스템 홈페이지(http://seoji.nl.go.kr)와 국가자료종합목록시스템(http://www.nl.go.kr/kolisnet)에서 이용하실 수 있습니다. (CIP제어번호 : CIP2020011808)

신명수 시집

혜원을 꿈꾸다

초판인쇄일 2020년 4월 03일
초판발행일 2020년 4월 13일

지은이 : 신명수
발행인 : 김순진
편집장 : 전하라
디자인 : 김초롱
펴낸곳 : 문학공원
등 록 : 2004년 3월 9일 제6-706호
주 소 : 우편번호 03382 서울 은평구 통일로 633
녹번오피스텔 501호 스토리문학사
전 화 : 02-2234-1666
팩 스 : 02-2236-1666
홈페이지 : http://cafe.daum.net/yob51
이메일 : 4615562@hanmail.net

※ 책값은 뒤표지에 있습니다.